Post Merger Integration

Johannes Gerds · Gerhard Schewe

Post Merger Integration

Unternehmenserfolg durch Integration Excellence

Mit einem Geleitwort von
THOMAS MIDDELHOFF

Zweite, überarbeitete Auflage

Mit 37 Abbildungen

Springer

Dr. Johannes Gerds
KarstadtQuelle AG
Unternehmensentwicklung
Bereichsleiter
Theodor-Althoff-Straße 7
45133 Essen
johannes.gerds@karstadtquelle.com

Professor Dr. Gerhard Schewe
Universität Münster
Lehrstuhl für Betriebswirtschaftslehre
insb. Organisation, Personal und Innovation
Universitätsstraße 14–16
48143 Münster
orga@wiwi.uni-muenster.de

ISBN-10 3-540-27672-6 Springer Berlin Heidelberg New York
ISBN-13 978-3-540-27672-2 Springer Berlin Heidelberg New York
ISBN 3-540-20140-8 1. Auflage Springer Berlin Heidelberg New York

Bibliografische Information Der Deutschen Bibliothek
Die Deutsche Bibliothek verzeichnet diese Publikation in der Deutschen Nationalbibliografie; detaillierte bibliografische Daten sind im Internet über <http://dnb.ddb.de> abrufbar.

Springer ist ein Unternehmen von Springer Science+Business Media

springer.de

Printed in Germany

Umschlaggestaltung: Design & Production, Heidelberg

SPIN 11525073 43/3153-5 4 3 2 1 0 – Gedruckt auf säurefreiem Papier

Geleitwort

Das Übernahmekarussell nimmt wieder Fahrt auf – erstaunlich nach dem eher mäßigen Tempo in den vergangenen beiden Jahren. Wie immer, ist man in den USA in der Entwicklung schon wieder weiter; die milliardenschweren Zusammenschlüsse von AT&T Wireless mit Cingular im Telekommunikationsbereich oder von Bank One und J. P. Morgan Chase im Finanzsektor zeigen dies. Alle Beobachter sind sich sicher: die M&A-Arena füllt sich wieder mit Leben.

Was ist mit Deutschland und Europa? Auch hier ziehen die Geschäfte wieder an. Beispielsweise hat die Konsolidierung der europäischen Bankenlandschaft mit der Übernahme von Abbey National durch Santander die nächste Runde erreicht; man darf gespannt sein auf die Fusionen in den nächsten zwei Jahren. Allerdings: bis dato hinkt das Transaktionsvolumen in Europa deutlich hinter den USA her. Auch der deutsche M&A-Markt gewinnt wieder an Schwung. Hier zu Lande lassen vor allem die mittelständisch geprägte Fertigungsindustrie, der Technologiesektor sowie der Finanzsektor Überraschungen in punkto Konsolidierung erwarten.

Auf das Einzelschicksal des Managers bezogen, der sich mit dem Thema auseinandersetzen muss, ist dies eine bedeutende Entwicklung. M&A bleibt ein fester Bestandteil des Alltags und Manager aller Branchen sollten auf stürmische Entwicklungen vorbereitet sein. Doch leider ist dies noch selten der Fall. Vor allem deutsche Manager laufen aufgrund der mangelnden Vorbereitung Gefahr, zum Spielball einer äußerst dynamischen Entwicklung zu werden. Beispiele wie Wella und MTU haben in den vergangenen Jahren gezeigt, wie vor allem US-amerikanische Investoren die Entwicklung in Deutschland treiben – und wie unvorbereitet es das Top-Management dabei bisweilen trifft. Jetzt heißt es umdenken: Überlegenes Management von M&As ist nicht wie früher eine von vielen Stabsdisziplinen, sondern eine der Kernkompetenzen zur Sicherung der Wettbewerbsfähigkeit in einer globalisierten Wirtschaft.

Vor allem Führungskräfte, die eine Top-Management-Karriere planen, sollten sich rechtzeitig damit auseinandersetzen, dass dazu heute auch die Fähigkeit gehört, eine Übernahme zu meistern – mitsamt dem Integrationsprozess. Rein statistisch gesehen steht heute jeder Top-Manager mindestens einmal in seinem Berufsleben vor der Herausforderung eines M&A. Die Fähigkeit, Firmen zu kaufen und erfolgreich zu integrieren, steht daher nicht nur für den unternehmerischen, sondern auch für den persönlichen beruflichen Erfolg.

Die Ergebnisse der vorliegenden Publikation sprechen hier eine deutliche Sprache. So ernüchternd es ist: Der Untersuchung zu Folge können nur wenige deutsche Unternehmen in Sachen M&A mit der internationalen Konkurrenz mithalten. Die Autoren haben ermittelt, dass nur circa fünf Prozent aller Manager in Deutschland für diese Aufgaben gewappnet sind. Typischerweise ignorieren deutsche Manager die hohe Komplexität der M&A-Prozesse und bewerten die eigene Rolle im Rahmen der Post Merger Integration relativ unrealistisch. Doch wir wissen heute, dass erfolgreiches Integrationsmanagement vor allem langfristiges Engagement des Top-Managements erfordert. Und langfristig heißt hier eindeutig: länger als die ersten einhundert Tage. Hierzu vier wichtige Punkte.

Führungskräfte, die Integrationen erfolgreich meistern wollen, müssen ihre besten Mitarbeiter für die Integrationsarbeit freistellen und sie auf den entsprechenden Projekten einsetzen – auch wenn der Ausfall dieser Ressourcen sich an anderer Stelle im Unternehmen empfindlich bemerkbar machen kann. Doch ohne dieses kurzfristige Opfer geht langfristig nichts.

Das Integrationsmanagement darf bei der Verzahnung der Führungsstrukturen sowie bei der Besetzung der neuen Führungsmannschaft keine faulen Kompromisse eingehen. Mitunter kann dies auch Entscheidungen gegen die eigene Mannschaft erfordern. Das Integrationsmanagement muss allerdings diesen steinigen Weg beschreiten, weil sonst die Saat für ressourcenverzehrende Grabenkämpfe gelegt ist. Und dann ist das Zusammenwachsen des Unternehmens auf Jahre hinaus blockiert.

Das Top-Management muss eine aktive Rolle beim „Einschwören der Truppen" übernehmen. Hier sind Führungsfähigkeit und starke Kommunikation gefragt. Schließlich geht es nicht nur darum, Entscheidungen zu treffen, sondern vor allem auch sie überzeugend zu verkaufen. Wichtig ist hier eine aktive Rolle der Führungsmannschaft in der Kommunikation – ein zeitintensiver und mitunter mühsamer Prozess, der sich am Ende des Tages allerdings auszahlt.

Nicht zuletzt muss sich das Top-Management auch proaktiv in die operative Integration einmischen und ein aktives Reporting einfordern. Wirkliche und vor allem ungeschminkte Kontrolle wird nur derjenige erhalten, der sich aktiv im Tagesgeschäft um diese Kontrolle bemüht. Andernfalls schwelen Konflikte im Verborgenen weiter, Problembereiche bleiben unerkannt und das Projekt gerät ins Stocken.

Die zweite Ausgabe von „Post Merger Integration – Unternehmenserfolg durch Integration Excellence" liefert exakt dazu einen wichtigen Beitrag und kann dabei helfen, dem Top-Management seine Rolle bei Post Merger Integration bewusst zu machen. Auf Basis der größten deutschsprachigen Studie ihrer Art präsentieren die Autoren gesicherte Erkenntnisse zu den wirklichen Erfolgsfaktoren bei Firmenintegration. Das Bemerkenswerte dabei: die Autoren entlarven eine ganze Reihe von weit verbreiteten Binsenweisheiten und Pseudo-Lösungen; manche Annahme, die bislang unbefragt hingenommen wurde, wird dabei auf den Kopf gestellt. Die Autoren präsentieren ein Best-Practice-Modell, das dem Top-Management einen soliden und umsetzungsorientierten Leitfaden für Unternehmenserfolg durch Integration Excellence bietet.

Dr. Thomas Middelhoff
Vorsitzender des Vorstandes der
KarstadtQuelle AG
Essen, September 2005

Vorwort zur 2. Auflage

Die Tatsache, dass bereits nach einem Jahr eine zweite Auflage des Buches erscheint, belegt, dass die Wirtschaftswoche Recht hatte, als sie 2004 schrieb: *„Die Autoren hätten sich für ihr Buch keinen besseren Erscheinungstermin auswählen können. Denn das Übernahmekarussell hat nach eher mäßigem Tempo wieder an Fahrt gewonnen.“* Und tatsächlich, das Übernahmekarussell dreht sich seit der Veröffentlichung der 1. Auflage 2004 in Deutschland wieder recht zügig. Da übernimmt die Deutsche Lufthansa die operative Führung bei der Swiss. Der Konsolidierungsprozess im deutschen Lebensmittelhandel geht mit der Elefantenhochzeit von Edeka und Spar in eine neue Runde. Ähnliches gilt für die deutsche Bauindustrie durch die Insolvenz von Walter-Bau. Und, die Konsolidierungswelle in der New Economy trifft jetzt auch die Großen der Branche: T-Online wird wieder in den Schoß der Mutter reintegriert. Diese Thematik entwickelt sich wieder zum Medienthema – kurz: Firmenübernahmen und Fusionsmanagement sind wieder in aller Munde.

Unverändert gilt: die Erwartungen von Shareholdern und Managern bei Fusionen und Akquisitionen sind mindestens so groß wie die Herausforderungen. Schließlich zeigen Untersuchungen immer wieder, dass mindestens die Hälfte aller Manager scheitert. Ist die M&A-Herausforderung für Manager also doch zu groß? Haben Manager trotz mehr als 100 Jahre Fusions- und Akquisitionsgeschichte nichts dazu gelernt? Sollten Manager besser die Finger von M&As lassen und die aktuelle Entwicklung nur aus der Distanz betrachten? Darauf kann es nur eine Antwort geben – und die heißt: Nein. Schließlich sind Unternehmen wie Vodafone und Novartis Beispiele für Unternehmenserfolg durch Integration Excellence.

Bis Ende der 90er Jahre wurde die Verantwortung für Post Merger Integration von vielen Top-Managern vielfach in die Linie delegiert. Doch inzwischen nehmen Top-Manager verstärkt eine proaktive Rolle bei der Integration ein. Offensichtlich hat sich die Erkenntnis durchgesetzt, dass die Integrationsphase an der tatsächlichen Umsetzung der Synergien den maßgeblichen Anteil hat – und dass Synergien oftmals einfach verpuffen, wenn das Top-Management sie im operativen Tagesgeschäft nicht konsequent einfordert. Dem Top-Management scheint also zunehmend klar zu werden, dass nicht nur die Synergieumsetzung, sondern auch der eigene berufliche Erfolg von der Fähigkeit abhängt, Firmen erfolgreich zu integrieren. Integration Excellence ist damit Anfang des neuen Jahrtausends mehr den je eine der Kernkompetenzen des Top-Managements.

Dr. Johannes Gerds, Essen, KarstadtQuelle AG
Prof. Dr. Gerhard Schewe, Universität Münster

Essen und Münster
September 2005

Vorwort zur 1. Auflage

Das neue Jahrhundert sollte eine neue Ökonomie und das Ende der Wirtschaftszyklen bringen. Anstelle dessen ist der Konjunkturzyklus mit neuer Deutlichkeit zurückgekehrt. Unternehmensbewertungen auf den Aktienmärkten sind wieder nah bei den historischen Mittelwerten. Auch um Megafusionen – vor zwei bis drei Jahren noch ein heißes Thema – ist es ruhig geworden. Mit sinkendem Transaktionsvolumen nimmt auch die Menge der Schlagzeilen in der Wirtschaftspresse ab. Auch wenn das Interesse der Presse nachgelassen hat: Fusionen und Akquisitionen gehören unverändert zum Alltag deutscher Führungskräfte. Trotz einer merklich unterkühlten Weltkonjunktur blieb die Anzahl der M&A-Transaktionen im deutschsprachigen Raum in den vergangenen Jahren mit durchschnittlich 2.550 bis 3.000 nahezu unverändert.

Ebenfalls unverändert ist die Misserfolgsquote von Fusionen und Akquisitionen: Mehr als die Hälfte aller Manager scheitert an der Integration zweier Unternehmen. Wie erklärt sich diese Bilanz trotz neuer Management-Theorien und fortwährendem Wissenszuwachs? Mangelnde Erfahrung vieler Führungskräfte im Umgang mit Zusammenschlüssen ist ein Argument: 53 Prozent der Linienmanager verfügen nur über geringe Integrationserfahrung. Ist es bloß Zufall, das dies in etwa auch dem Prozentsatz der Fehlschläge entspricht? Oder aber liegt es an der erdrückenden Komplexität: Immerhin erfordert die umfassende Integration zweier Unternehmen entlang der gesamten Wertschöpfungskette mehr als 2.000 Veränderungen und rund 10.000 außerordentliche Entscheidungen. Ist ein hohes Maß an Misserfolg demzufolge ein ungeschriebenes Gesetz?

Firmenehen sind mitnichten zum Scheitern verurteilt. Wie im richtigen Leben kommt es auf die handelnden Personen an. Zwar verfügen nach eigenen Angaben 83 Prozent der Top Manager über umfangreiche Integrationserfahrung, es ist aber an der Tagesordnung, dass sich diese nach Vertragsunterzeichnung von dem Deal gewissermaßen verabschieden. Das Engagement der Vorstände, die eine perfekte Übereinstimmung der Partner ausgemacht haben, endet mit blumigen Ausführungen über die gemeinsame Zukunft der Unternehmen. Die Verantwortung für die operative Umsetzung des Zusammenschlusses wird in die Linie delegiert. Das Top-Management wendet sich vermeintlich drängenderen Themen – wie der nächsten ins Haus stehenden Firmenübernahme – zu.

Dieses Aufmerksamkeitsdefizit führt dazu, dass zahlreiche Vorstände die Integration nur in den viel zitierten „ersten 100 Tagen" unterstützen. So öffnen sie spätestens dann das Feld für Grabenkämpfe und faule Kompromisse – der Zusammenschluss gerät ins Stocken und droht im politischen Sumpf zu ersticken. Und die zweite und dritte Führungsebene lässt häufig das Top-Management in gutem Glauben, man werde das Projekt schon über die Bühne bringen – wobei die Furcht vor Verlust der eigenen Machtposition oder des eigenen Jobs die Triebfeder für solches Handeln ist. Nur so ist zu erklären, dass Vorstände oftmals nach zwei bis drei Jahren aus dem Dornröschenschlaf erwachen und durch massive Probleme auf der operativen Ebene oder von den Anteilseignern, die Erträge des Abenteuers M&A lautstark einfordern, unsanft wachgeküsst werden.

Umdenken ist also gefragt. Neben der Anerkennung der Komplexität müssen Führungskräfte ihre Rolle bei der Bewältigung der Integrationsaufgabe realistisch bewerten. Das bedeutet langfristiges Engagement über einen Zeitraum von mehr als 12 Monaten (und nicht etwa 100 Tagen). M&A Erfolg ist dabei keineswegs Zufall, sondern Ergebnis konsequenten und zielorientierten Integrationsmanagements – von Integration Excellence. Das Steuer der Zusammenführung behält nur in der Hand, wer Instrumente des Integrationsmanagements konsequent und systematisch anwendet. Eine Arbeit, die sicherlich weniger spannend ist, als die Vertragsunterzeichnung im Blitzlichtgewitter. Sie mindert jedoch das Risiko, kleinlaut eingestehen zu müssen, die Partner seien eben nicht für einander gemacht gewesen. Und nicht zuletzt steht jede Führungskraft statistisch mindestens einmal in seinem Managerleben vor der Herausforderung, eine Integration zu meistern. Dabei Erfolg zu haben, beflügelt die Managementkarriere.

Mit dem vorliegenden Buch bieten wir Führungskräften einen praxisorientierten Leitfaden für erfolgreiche Post Merger Integration. Die empirische Basis unserer Erkenntnisse bilden mehr als 120 Unternehmen aus der ganzen Welt sowie langjährige praktische Erfahrung mit Integrationsprojekten im In- und Ausland. Im Zentrum stehen Best Practices internationaler Spitzenunternehmen – den Weltmeistern in Sachen Integrationsmanagement. Diese Top-Unternehmen schlagen den Durchschnitt um Längen. Deren Konzepte und ein daraus abgeleitetes fünfstufiges Modell der Integration Excellence stehen im Mittelpunkt des vorliegenden Buches.

Dr. Johannes Gerds, Accenture
Prof. Dr. Gerhard Schewe, Universität Münster

Düsseldorf und Münster
September 2003

Inhaltsverzeichnis

Abbildungsverzeichnis

Management-Summary

Post Merger Binsenweisheiten

Trotz der inzwischen mehr als einhundertjährigen Geschichte von Mergern und Akquisitionen scheitert nach wie vor mehr als die Hälfte der Führungskräfte an der Post Merger Integration. Einer der wesentlichen Gründe dafür ist die mangelnde Integrationserfahrung. Führungskräfte haben oftmals kein klares Bild von den Faktoren, die für eine erfolgreiche Post Merger Integration wichtig sind. Statt methodischer Prinzipien folgen sie oftmals blind Post Merger Binsenweisheiten:

- Falsch! – Situative Rahmenbedingungen entscheiden über Erfolg bzw. Misserfolg

  Der Einfluss situativer Rahmengrößen – wie Unternehmensgröße oder nationale Herkunft – auf den Integrationserfolg ist deutlich geringer ausgeprägt als allgemein vermutet. Wie die Ergebnisse unserer Studie belegen, sind internationale Merger oder Fusionen entgegen der landläufigen Meinung nicht wesentlich riskanter als andere Merger. Widrige Rahmenbedingungen können im Falle einer fehlgeschlagenen Integration nur bedingt herangezogen werden und sollten nicht über die Fehler im Management hinwegtäuschen.

- Falsch! – Je schneller, desto besser

  Gott gab uns die Zeit. Doch von der Eile und vom Bummeln hat er nichts gesagt. Dieses Credo sollten deutsche Führungskräfte beherzigen, wenn sie sich an die Integration machen. Eine zu hohe Integrationsgeschwindigkeit gefährdet den Erfolg nachhaltig. Dabei ist die Überforderung und Demotivation der Mitarbeiter nur die eine Seite der Medaille. Denn wer mit überhöhter Geschwindigkeit integriert, läuft auch in Gefahr, dass notwendige Arbeitsschritte nur ansatzweise bzw. gar nicht durchgeführt werden. Die Folge: Das Risiko von Fehlentscheidungen nimmt zu. Dabei können die möglichen Vorteile einer hohen Integrationsgeschwindigkeit, wie z. B. die Verringerung von Unsicherheiten auf Seiten der Mitarbeiter, diese Nachteile nicht wettmachen. Die Aufgabe an das Integrationsmanagement ist klar: Es muss die Punkte identifizieren, die für eine erfolgreiche Integration wirklich kritisch sind und diese für die Umsetzung priorisieren.

- Falsch! – Mitarbeiterwiderstände bilden die größte Integrationsbarriere

  Es ist eine beliebte und einfache Ausrede: Das mangelnde Wollen der Mitarbeiter stelle die größte Integrationsbarriere dar. Das mag in vielen Fällen zutreffen. Dennoch ist der Einfluss auf den Erfolg der Post Merger Integration lange nicht so kritisch wie der Mangel an Können. Vielmehr muss das Integrationsmanagement in Zeit und Anstrengungen investieren, damit die Mitarbeiter die Veränderungen nicht nur wollen, sondern sie auch umsetzen können. Und mangelndes Können ist meist auf mangelnde Integrationserfahrung zurückzuführen.

- Falsch! – Weiche Maßnahmen sind wichtiger als harte Maßnahmen

  Wer mit Fusionen und Akquisitionen erfolgreich sein will, darf sich nicht nur auf weiche Maßnahmen beschränken. So beherrschen erfolgreiche Integrationsmanager die komplette Klaviatur weicher und harter Integrationsfaktoren. Integrationsmanager müssen sich vor allem auch um die Verzahnung des operativen Geschäfts kümmern. Dazu zählen insbesondere die Verzahnung von Geschäftsprozessen und IT-Systemen. Dabei stehen Leadership und Ownership – also die Fähigkeit zu führen und sich Vorgänge zu eigen zu machen – ganz oben auf der Agenda der Erfolgsfaktoren.

Integration Excellence

Ungeachtet der im Durchschnitt hohen Misserfolgsquote von Integrationen schaffen es Spitzenunternehmen durch Integration Excellence, bis zu 90 Prozent mehr Synergien herauszuholen. Top Performer folgen dabei einem fünfstufigen Vorgehen:

1. Integrationsprojekt aufsetzen

Bei der Projektorganisation setzen überdurchschnittlich erfolgreiche Unternehmen auf Personen statt Pläne. Das Integrationsprojekt wird anhand eines groben Rahmens hinreichend – die Planungsintensität liegt immerhin 13 Prozent über dem Durchschnitt – geplant, aber eben nicht bis ins letzte Detail. Die Aufmerksamkeit wird zu Beginn des Projekts darauf verwendet, die richtigen Leute an Bord zu holen. Die personelle Besetzung der Projektorganisationsgremien erfolgt auf Grundlage eines spezifischen Auswahlprozesses. Die Top Performer setzen dabei auf die umfassende Einbindung von Unterstützern des Integrationsprojekts auf allen drei Ebenen: der Geschäftsleitung, der Projektleitung sowie der Fachbereiche. Dabei liegt der Einsatz solcher Promotoren mit 48 Prozent deutlich über dem Durchschnitt. Mit der notwendigen politischen sowie fachlichen Unterstützung anerkannter Fürsprecher steht und fällt ein guter Teil der Integration.

2. Führungsorganisation verzahnen

Die Verzahnung der Führungsorganisation ist für überdurchschnittlich erfolgreiche Unternehmen mehr als das Zusammenschieben von Organigrammen. Leistungsstarke Steuerungs- und Kontrollmechanismen spielen für das Sicherstellen der Funktionsfähigkeit der neuen Führungsorganisation eine zentrale Rolle. Die Entwicklung eines neuen Budgets und Mittelfristplans wird mit 47 Prozent höherer Intensität verfolgt; die Einführung entsprechender

Kennzahlen- und Berichtssysteme liegt 56 Prozent über dem Durchschnitt. Beide Maßnahmen schaffen die Voraussetzung, dass Synergieziele systematisch artikuliert und der Grad der Zielerreichung umfassend kontrolliert werden kann.

3. Führungsmannschaft besetzen

Die Integration der Führungsmannschaft geht deutlich über das Benennen des neuen Managements hinaus. Denn neben der Festlegung neuer Rollen und Stelleninhaber muss der Integrationsfortschritt durch den Transfer ausgewählter Führungskräfte über die alten Unternehmens- und Abteilungsgrenzen hinweg flankiert werden. Der 60 Prozent stärkere Maßeinsatz ermöglicht so eine wechselseitige personelle Zusammenführung auf Leitungs- und Fachebene. Gerade im Zusammenhang von Stellenbesetzungen und Entsendungspolitik belassen es die überdurchschnittlich erfolgreichen Unternehmen nicht bei Lippenbekenntnissen. Statt dessen setzen diese auf nachhaltige Bindung von Kernmitarbeitern vor allem durch immaterielle Anreize, wie mittelfristige Karriereperspektiven, und gewinnen so Leistungsträger langfristig für das neue Unternehmen. Die Abweichung vom Studiendurchschnitt beträgt bei diesen Maßnahmen plus 53 Prozent.

4. Mitarbeiterverhalten ausrichten

Neue Unternehmensstrukturen erfordern zumeist eine Neuausrichtung des Mitarbeiterverhaltens. Als zentraler Motivations- und Orientierungspunkt dient hier in der Regel eine passende Unternehmensvision. Die Bedeutung der Vision zeigt sich an der 33 Prozent höheren Aufmerksamkeit, die Top Performer diesem Thema widmen. Eine neue Vision wird aber nur durch entsprechende Schulungen und Anreize gelebte Wirklichkeit. Gerade bei komplexen und schwierigen Aufgaben wie dem Vertrieb eigener Produkte über die Kanäle des übernommenen Unternehmens müssen Mitarbeiter durch zielgerichtete Schulungen „fit" gemacht werden. Dies gilt sowohl für integrationsspezifische Aufgabenstellungen als auch für die Bewältigung neuer Anforderungen im operativen Tagesgeschäft. Überdurchschnittlich erfolgreiche Unternehmen setzen solche Maßnahmen mit mehr als doppelt so hoher Intensität ein (115 Prozent). Darüber hinaus belohnen sie mit 81 Prozent überdurchschnittlich stark integrationskonformes Verhalten. Diese zielkonforme Anpassung der Anreizsysteme stellt sicher, dass Mitarbeiter nicht nur über die erforderlichen Fähigkeiten verfügen, sondern diese auch tatsächlich im Sinne der neuen Unternehmensziele einsetzen.

5. Operative Geschäftsaktivitäten verzahnen

Der Betrieb muss nicht nur weitergehen, sondern auch effizienter und effektiver werden. Diese einfache Einsicht bewegt Spitzenunternehmen dazu, während der Integration des Tagesgeschäfts das operative Management kontinuierlich zu begleiten und zu unterstützen. In der Zusammenführung des operativen Tagesgeschäfts auf Basis optimierter Geschäftsprozesse sowie dauerhafter Unterstützung durch das Integrationsmanagement liegt ein zentraler Schlüssel zur Verwirklichung von Synergien. Die operative Integration wird als klar definierter Prozess geleitet. Dies ermöglicht die strukturelle und systemseitige Verzahnung der Unternehmen im Tagesgeschäft. So setzen Top Performer neben einer 42 Prozent höheren Intensität bei der strukturellen Zusammenführung der operativen Geschäftsprozesse auf eine schnelle und durchgängige Integration der unterstützenden IT-Systeme (34 Prozent).

Integration Masterplan

Der Unterschied zwischen Top Performern einerseits und weniger erfolgreichen M&A Integratoren auf der anderen Seite lässt sich vereinfacht wie folgt zusammenfassen: Top Performer verlieren am Anfang keine Zeit und beweisen gegen Ende besseres Stehvermögen. Top Performer folgen beim Integrationsmanagement einer langgezogenen doppelten S-Kurve: Nach einem Kickstart lassen sie ihrer Organisation erst einmal Zeit zum Verschnaufen, bevor sie die zweite Welle in Angriff nehmen. Die Maßnahmen der zweiten Welle gehen dann deutlich über die ersten 100 Tage hinaus; Top Performer unterstützen also ihre Organisation durch proaktives Integrationsmanagement, das weit über die ersten drei bis vier Monate hinausgeht.

Top Performer gehen im Vergleich zum Durschnitt der Unternehmen deutlich fokussierter vor. Mit der ersten Welle tragen sie durch gezielten Maßnahmeneinsatz die Integration in die Organisation hinein. Die Basis hierfür ist eine eindeutige Priorisierung der Integrationsaufgaben nach Maßgabe transparenter Selektionskriterien. Aufgaben, die nicht direkt unter den Nägel brennen, können auf die nächste Welle warten; Top Performer lassen sich gezielt Zeit. Durch eine Verteilung der Aufgaben entlang eines im Vergleich zum Durchschnitt längeren Zeitstrahls schaffen es Top Performer die Workload auszubalancieren und so die Belastung für die Organisation so gering wie möglich zu halten. Durch das schrittweise Vorgehen in Wellen wird letztendlich auch die Komplexität für das Projekt- und Risikomanagement auf ein managebares Maß heruntergebrochen.

Bereits in den ersten beiden Wochen gehen Top Performer deutlich anders als der Durchschnitt vor. Sie setzen nicht nur das Integrationsprojekt auf, sondern starten konkrete Maßnahmen zur strukturellen und personellen Verzahnung der Unternehmensspitze.

Kern dieser Maßnahmen ist neben der Erarbeitung eines neuen Budgets und Mittelfristplans vor allem die Bindung von Kernmitarbeitern, die Benennung des neuen Top Managements und die Kommunikation der Integrationsvision.

Top Performer führen in den ersten vier bis sechs Wochen die Maßnahmen zur strukturellen und personellen Verzahnung der Führungsorganisation systematisch weiter. Ganz im Gegensatz zum Durchschnitt ergreifen Top Performer allerdings jetzt schon Maßnahmen zur Ausrichtung des Mitarbeiterverhaltens. Die Anpassung der Anreizsysteme spielt hierbei eine zentrale Rolle.

Im Rahmen der zweiten Maßnahmenwelle nach drei bis vier Monaten treiben Spitzenunternehmen die Neuausrichtung des Mitarbeiterverhaltens besonders durch Schulungsmaßnahmen systematisch voran. Vor allem aber fokussieren Top Performer zu diesem Zeitpunkt auf die Verzahnung der operativen Geschäftsaktivitäten. Hierbei besitzt die strukturelle Integration der Tagesgeschäftes und vor allem die Verzahnung der EDV einen zentralen Stellenwert.

Top Performer nutzen das zweite halbe Jahr vor allem dazu, um das Zusammenwachsen des operativen Tagesgeschäfts durch eine systematische personelle und physische Verzahnung von Abteilungen weiterzutreiben.

Teil I:

Integration Excellence – Mit Fusionen und Akquisitionen zum Erfolg

„Willkommen im Klub, Rolf Breuer. Nice to join us, Mister Jürgen Schrempp. Hereinspaziert, Bernd Fahrholz. Willkommen in der Leidensgemeinschaft der Manager, die ihr Unternehmen durch eine Fusion oder eine Übernahme stärken wollten – und damit schlechte Erfahrungen gemacht haben. Ein kleiner Trost für die Chefs von Deutscher Bank, DaimlerChrysler und Dresdner Bank: Sie sind in bester Gesellschaft. Zwei von drei Fusionen erfüllen die in sie gesetzten Erwartungen nicht – oder scheitern sogar. Was nicht heißen soll, dass es deshalb weniger Unternehmen versuchen."

(Quelle: www.manager-magazin.de/unternehmen/artikel/0,2828,128513,00.html; Aufruf vom 20.05.2003)

Fusionen und Akquisitionen - keine Modeerscheinung

Allen Unkenrufen zum Trotz: Fusionen und Akquisitionen gehören auch nach dem Börsenhype der vergangenen Jahre zum Manageralltag. Natürlich hat die Aktie als Währung von Firmenübernahmen im Vergleich zu den Allzeithochs der letzten Jahre deutlich an Wert eingebüßt. Vielleicht sind deshalb auch die Zeiten der Mega-Deals wie beispielsweise zwischen Vodafone und Mannesmann erst einmal vorbei. Aber ändert dies tatsächlich nicht nur etwas für Investment Banker, die in der Zeit des Hype prächtig mit Fusionen und Akquisitionen verdient haben? Tatsache ist: trotz Krise am Neuen Markt und verlangsamter Gangart der Weltwirtschaft ist die Zahl der Firmenzusammenschlüsse weiterhin hoch. In anderen Worten: Eine Vielzahl von Führungskräften steht auch weiterhin vor der Herausforderung, eine Firmenehe erfolgreich meistern zu müssen – insbesondere in Deutschland.

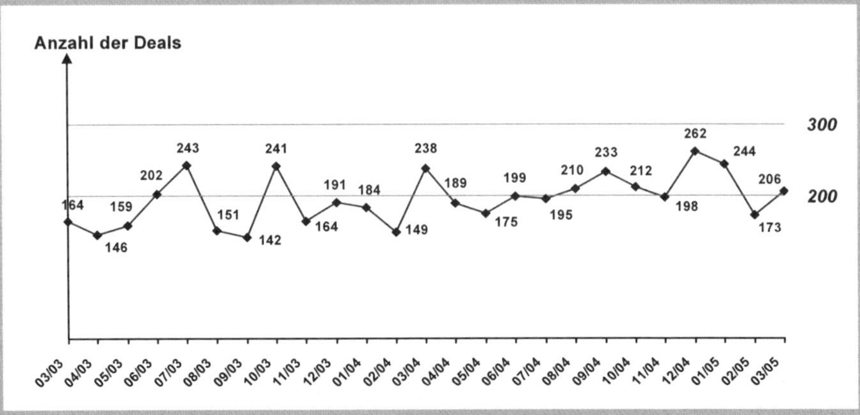

Quelle: FINANCE Deal Mai 2005

Abb. 1: Anzahl abgeschlossener Deals im deutschsprachigen Raum

Damit steht fest: Fusionen und Akquisitionen sind keine Modeerscheinung, sondern ein fester Bestandteil auch des deutschen Manageralltags.

Internationale Spitzenunternehmen schlagen den Durchschnitt um Längen

Ungeachtet der hohen Bedeutung von Fusionen und Akquisitionen scheitert die Mehrzahl der verantwortlichen Manager nach wie vor an der Post Merger Integration. Die Ergebnisse sind ernüchternd: In 62 Prozent der Fälle kann das Management die mit der Unternehmenszusammenführung angestrebten Ziele gar nicht oder nur teilweise realisieren. Nur in 38 Prozent der Fälle kann das Management die an sie gestellten Erwartungen auch tatsächlich erfüllen. Die Integrationsphase bleibt damit nach wie vor die riskanteste Phase im gesamten M&A Prozess.

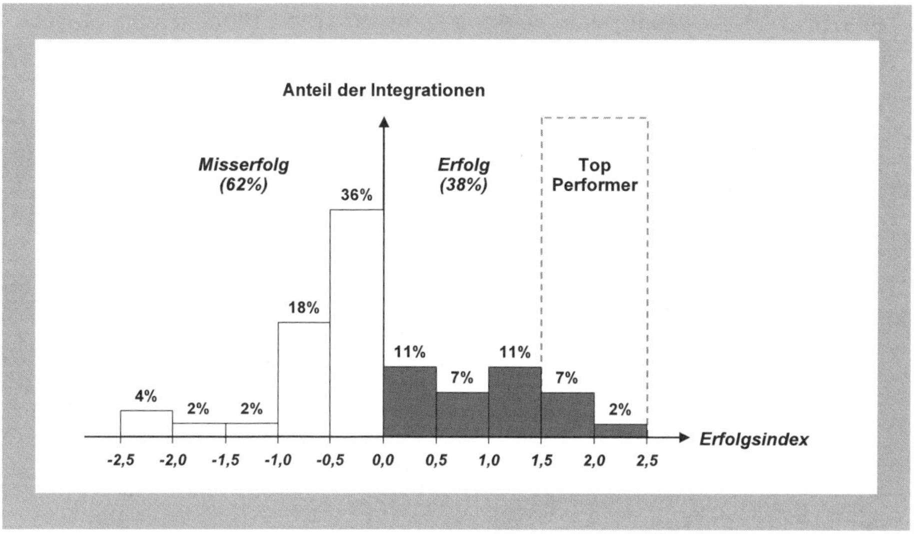

Abb. 2: Top Performer im Vergleich zum Durchschnitt

Die Zahlen beunruhigen. Denn für das Durchschnittsunternehmen ist damit die Wahrscheinlichkeit, bei einem Münzwurf Kopf oder Zahl zu erhalten, deutlich höher als die Chance auf eine erfolgreiche Integration. Diese ernüchternde Betrachtung gilt allerdings nur für den Durchschnitt. Denn: ungeachtet der im Durchschnitt sehr hohen Misserfolgsquote von Integrationen schaffen es Spitzenunternehmen regelmäßig dennoch, die mit der Akquisition bzw. Fusion gesteckten Ziele nicht nur zu erreichen, sondern sogar zu übertreffen. Diese Unternehmen sind PMI Top Performer, gewissermaßen Weltmeister ihrer Klasse. Unternehmen also, die das Integrationsmanagement virtuos beherrschen und deshalb den Durchschnitt um Längen schlagen. Und eines zeigt sich hierbei ganz deutlich: Im Gegensatz zu Durchschnittsunternehmen können Top Performer aufgrund ihres überlegenen Integrationsmanagements Fusionen und Akquisitionen als wirksames Instrument einsetzen, um die Wettbewerbssituation zu ihren Gunsten zu verändern – und Wettbewerber sowohl kosten- als auch marktseitig zu dominieren. Integration Excellence, also systematisches und konsequentes Integrationsmanagement, wird so zu einer schlagkräftigen Waffe, die Top Performer wirkungsvoll im Kampf um Marktanteile und Shareholder Value einsetzen. In den Händen von Durchschnittsunternehmen verliert diese Waffe an Wirkungskraft.

Methode zur Bemessung von Integration Excellence

Das Konzept der Integration Excellence basiert umfassend darauf, dass das Management die mit der Integration angestrebten Synergieziele nicht nur auf Papier formuliert, sondern tatsächlich umfassend umsetzt. Der ***Zielerreichungsgrad*** *bildet das Herzstück unserer Bemessung von Integration Excellence. Allerdings: Kann eine Integration selbst bei umfassender Realisierung der angestrebten Synergieziele auch dann als Erfolg gewertet werden, wenn gleichzeitig massenhaft Leistungsträger das Unternehmen verlassen oder aber wesentliche Meilensteine nicht eingehalten werden und die Integration zeitlich aus dem Ruder läuft? Wir glauben: nein!*

Deshalb: Für das Erreichen von Integration Excellence ist es unserer Auffassung nach nicht allein ausreichend, wenn das Management die Umsetzung der Synergieziele sicherstellt. Vielmehr ist das Integrationsmanagement auch nach Maßstäben der ***sozialen Verträglichkeit*** *und der* ***Umsetzungseffizienz*** *zu bewerten. Erst wenn es dem Integrationsmanagement gelingt, die Synergieziele „in time and budget“ so zu realisieren, dass die Mitarbeiter hinter der Integration stehen, liegt Integration Excellence vor.*

Als Messlatte für die Erreichung von Integration Excellence haben wir die Top 9 Prozent unserer Stichprobe definiert – Unternehmen also, die den Durchschnitt um Längen schlagen.

90 Prozent mehr Synergien durch Integration Excellence

Aber was bringt Integration Excellence dem betroffenen Management denn nun wirklich? Wie gesagt 62 Prozent der Manager erreichen nur ansatzweise oder aber gar nicht die mit der Integration angestrebten Synergieziele; im Gegensatz dazu schaffen es Top Performer regelmäßig, die gesteckten Synergieziele zu erreichen oder sogar zu übertreffen. Und genau dies ist die Leistungslücke, die zwischen Durchschnitt und Top Performern klafft. Folgende Beispielrechnung illustriert das enorme Leistungsdefizit von Durchschnittsunternehmen:

Angenommen, das Synergiepotenzial einer Fusion beträgt 150 Millionen Euro. Nach Maßgabe der empirisch ermittelten und in Abb. 2 dargestellten Erfolgswahrscheinlichkeiten gelingt es Spitzenunternehmen, dieses Synergiepotenzial nahezu umfassend auszuschöpfen. In Zahlen: Top Performer schaffen durch überlegenes Integrationsmanagement, rund 92 Prozent des Synergiepotenzials auszuschöpfen; in diesem Fall wären das rund 138 Millionen Euro. Ein ganz anderes Bild bei Durchschnittsunternehmen: Unternehmen aus dem Mittelfeld, die immerhin 65 Prozent des Gesamtsamples stellen, erreichen lediglich 73 Millionen Euro oder 49 Prozent des Synergiepotenzials. In anderen Worten: Durchschnittsunternehmen lassen durch mangelhaftes Integrationsmanagement rund die Hälfte des Synergiepotenzials ungenutzt verpuffen. Was das für den Unternehmenserfolg und die Anteilseigner bedeutet, bedarf keines weiteren Kommentars.

Durch Integration Excellence kann das Management im Regelfall also bis zu 90 Prozent mehr Synergien erzielen. Integration Excellence ist also nicht bloß ein weiteres Schlagwort in der Managementliteratur, sondern ein Instrument, mit dem sich handfeste Fusionssynergien und dadurch Wettbewerbsüberlegenheit erzielen lassen.

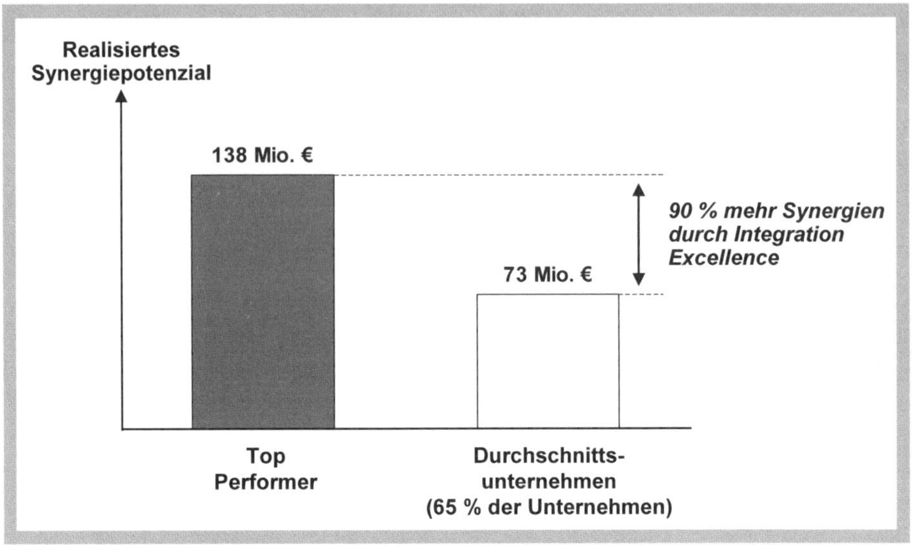

Abb. 3: Leistungsdefizit von Durchschnittsunternehmen (Beispielrechnung)

Ambitionierte Ziele sind keine Ausrede für Top Performer

Ein Blick auf die Synergieziele von Top Performern und Durchschnittsunternehmen zeigt deutliche Unterschiede: Während Top Performer den Fokus ihrer Synergien auf den Bereich der betrieblichen Leistungserstellung richten, versucht der Durchschnitt vor allem, Synergien im administrativen Bereich sowie im Bereich von Marketing und Vertrieb zu realisieren. Am auffälligsten ist dieser Unterschied im Bereich der betrieblichen Leistungserstellung: Top Performer streben hier Synergieziele an, die um 50 Prozent über denen des Durchschnitts liegen.

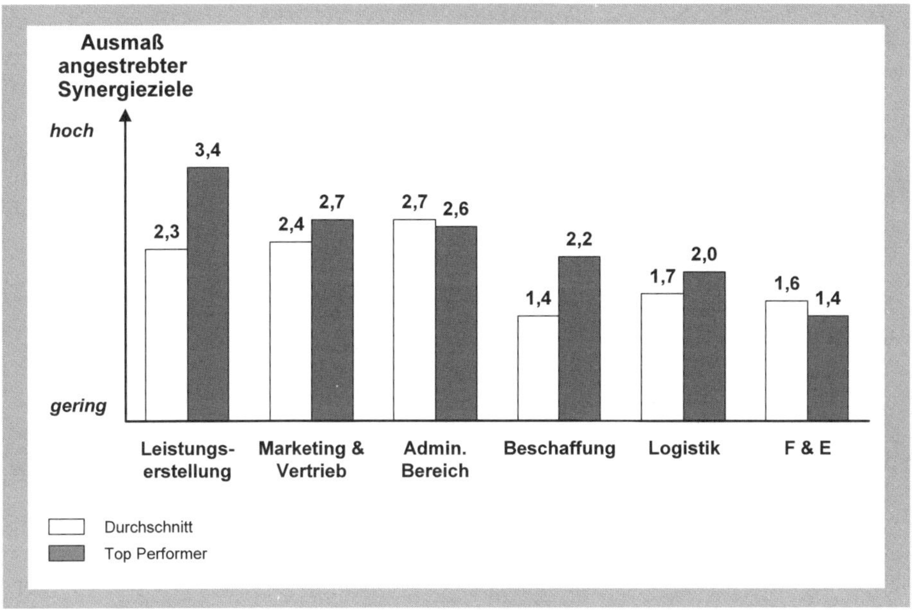

Abb. 4: Ausmaß der angestrebten Synergieziele

Dieses Ergebnis relativiert auch die naheliegende Vermutung, Top Performer seien nur deshalb so erfolgreich, weil sie keine ambitionierten Ziele verfolgten; also gewissermaßen die Messlatte für den Erfolg nicht so hoch legen. Doch genau das Gegenteil ist der Fall: Top Performer setzen sich mindestens genauso ambitionierte Ziele wie der Durchschnitt; teilweise verfolgen sie sogar deutlich ambitioniertere Ziele. Dies gilt durchaus auch für betriebliche Bereiche mit hoher operativer Komplexität. Denn sie streben vor allem auch Synergien im Bereich der betrieblichen Leistungserstellung an; also dem Herzstück jedes Unternehmens. Der Erfolg von Top Performern ist also nicht darauf zurückzuführen, dass sie es sich besonders einfach machen. Vielmehr können sie durch Integration Excellence Spitzenleistungen erreichen.

Top Performer sind auf breiter Front überlegen

Top Performer sind insbesondere dort erfolgreicher als Durchschnittsunternehmen, wo anspruchsvolle, d. h. komplexe Integrationsleistungen zu erbringen sind.

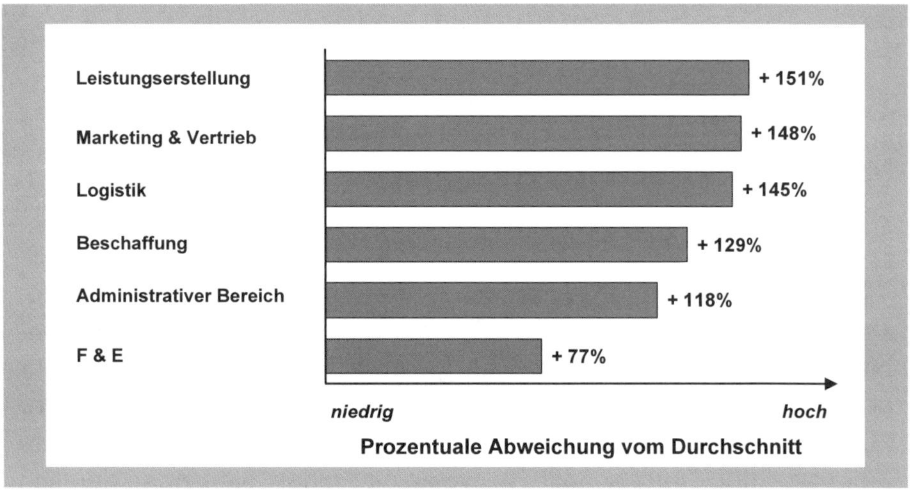

Abb. 5: Zielerreichung der Top Performer im Vergleich zum Durchschnitt

Allein die bloßen Zahlen beeindrucken: So erreichen Top Performer beispielsweise ihre hoch gesteckten Synergieziele im Bereich der Leistungserstellung um 151 Prozent besser als der Durchschnitt. Ähnlich hohe Unterschiede ergeben sich auch für die Bereiche Logistik (+145 Prozent) sowie Marketing & Vertrieb (+148 Prozent). Selbst in dem Bereich mit dem geringsten Unterschied zwischen Top Performern und Durchschnitt, also im Bereich von Forschung und Entwicklung, beträgt der Unterschied immer noch beachtliche 77 Prozent.

Trotz der hoch angelegten Messlatte erreichen Top Performer ihre Ziele im Gegensatz zum Durchschnitt mit deutlichem Vorsprung. Der Performance Gap zwischen Spitzenunternehmen und dem Durchschnitt ist in sämtlichen Funktionsbereichen enorm. Die Zahlen belegen, mit welcher hohen Qualität Top Performer den Integrationsprozess in allen funktionalen Bereichen beherrschen.

Top Performer verdanken ihren Erfolg nicht nur glücklichen Umständen

Insbesondere nach gescheiterten Unternehmenszusammenführungen werden oftmals Stimmen laut, die widrige Rahmenbedingungen für das Scheitern verantwortlich machen. Der Umkehrschluss müsste dann lauten: Top Performer sind lediglich aufgrund glücklicher Umstände erfolgreich. Ist es also vom Zufall abhängig, dass Unternehmen bei Fusionen und Akquisitionen den Durchschnitt um Längen schlagen? Die Ergebnisse unserer Studie weisen auch hier in eine andere Richtung (siehe Abb. 6): Die Anforderungen an das Integrationsmanagement sind im Vergleich zum Durchschnitt bei Top Performern oftmals deutlich höher.

Nicht zuletzt weil Top Performer ambitionierte Zielsetzungen mit der Integration verfolgen, stellen sie auch hohe Anforderungen an das Können ihrer Mitarbeiter. Dies stellt die Unternehmen allerdings häufig vor Schwierigkeiten, denn die Mitarbeiter besitzen nicht immer die notwendigen Fähigkeiten. Sei dies z. B. die Aufnahme und Neugestaltung von Geschäftsprozessen oder aber die Verzahnung der IT-Landschaften beider Unternehmen. Dies gilt allerdings nicht nur für Aufgabenstellungen, die unmittelbar mit der Integration zu tun haben. Oftmals stellen Integrationen auch im operativen Alltag Mitarbeiter vor neue, unbekannte Herausforderungen, beispielsweise wenn Produkte des Erwerbers im Sinne eines Cross-Sellings über die Vertriebsmannschaft des erworbenen Unternehmens vermarktet werden sollen. Oder aber auch für den Fall, dass der Erwerber seine Planungs- und Reportingsysteme dem erworbenen Unternehmen überstülpt. In beiden Fällen stoßen auch die Mitarbeiter von Top Performern an die Grenzen ihrer Fähigkeiten.

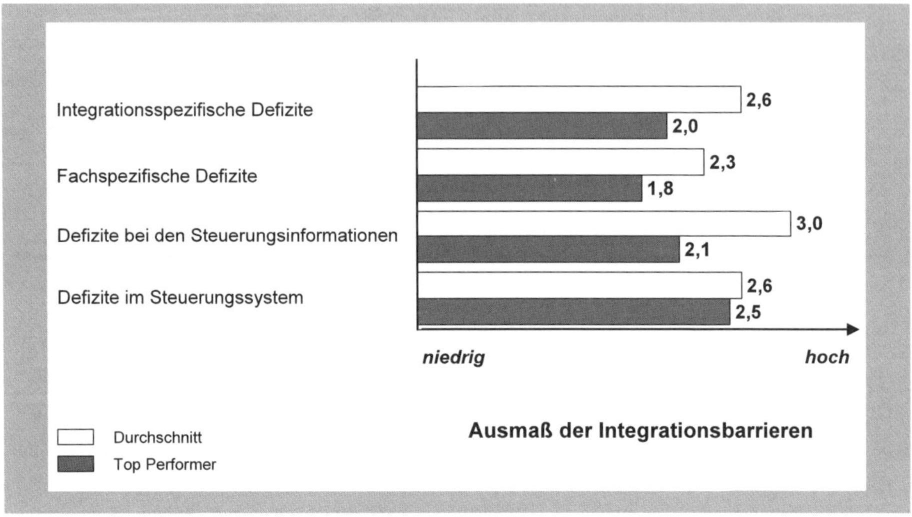

Abb. 6: Ausmaß von Integrationsbarrieren

Auch Top Performer haben demnach mit Schwierigkeiten zu kämpfen. Doch im Gegensatz zum Durchschnitt räumen sie durch überlegenes Integrationsmanagement die Barrieren aus dem Weg – genau der Punkt, an dem Durchschnittsunternehmen versagen und an den Integrationsbarrieren scheitern.

Deutsche Unternehmen sind im internationalen Vergleich oft nur Mittelmaß

Insgesamt gesehen spielen deutsche Unternehmen im Konzert der globalen M&A-Tätigkeit eine zunehmend wichtige Rolle. Beispiele wie Deutsche Telekom-Voicestream oder Daimler Benz-Chrysler haben weltweites Aufsehen erregt. Doch damit enden die Ähnlichkeiten bereits, denn die Art, wie deutsche Unternehmen das Thema Übernahme und Fusionen angehen, ist eher mittelmäßig. Deutsche Unternehmen können hier offensichtlich noch viel lernen.

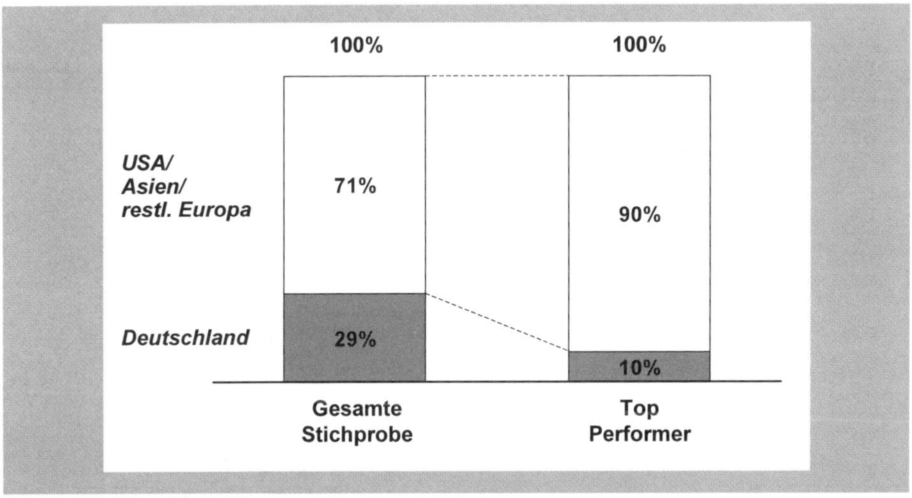

Abb. 7: Integrationserfolg deutscher Unternehmen im internationalen Vergleich

In der vorliegenden Stichprobe ließ sich in 29 Prozent der Fälle ein deutsches Unternehmen als treibende Kraft eines Mergers oder einer Akquisition identifizieren. Bei den Top Performern dieser Stichprobe waren deutsche Unternehmen allerdings nur noch in einer Größenordnung von 10 Prozent vertreten. In anderen Worten: Deutsche Manager gehören meist zu den Verlierern.

FAZIT: **Mehr als die Hälfte aller Manager versagt bei der Integration. Dennoch gibt es Führungskräfte, die die Herausforderung durch systematisches und konsequentes Integrationsmanagement erfolgreich meistern. Glück oder Zufall spielen bei der Erzielung von Integration Excellence nur eine untergeordnete Rolle. Deutsche Unternehmen lassen sich in der Spitzengruppe allerdings kaum finden!**

Teil II:

Post Merger Binsenweisheiten – Erfolgsrezepte auf dem Prüfstand

Erfolgsrezepte im Integrationsalltag

Viele vermeintliche Post Merger Erfolgsrezepte sind wissenschaftlich nicht fundiert

Wirtschaftspresse, akademische Veröffentlichungen und Handbücher quellen über vor scheinbaren Erfolgsrezepten für die richtige Post Merger Integration.

Ausgewählte Kataloge von Post Merger Erfolgsfaktoren

- *„Sample Guiding Principles / Best Practices: Agree on your strategic intent and let it guide the vision for the merger integration, Work to get both sides of the deal to buy into the vision and strategic intent, ..., Incorporate the strengths of both companies and consider outside benchmarks, ..., Address information issues to both enable change and capture value, ..., Keep the focus of the integration team on value capture, Address cultural issues directly with an explicit plan, ...“*

  (Quelle: Viscio, A.J.; Harbison, J.R.; Asin, A.; Vitaro R.P., Post Merger Integration – What makes mergers work? in: Strategy & Business (1999), S. 33)

- *„Die sechs Erfolgsfaktoren von Mergern: Klare Vision und Strategie (...). Ziel aller Stakeholder im Fokus (...). Schlagkräftige Projektorganisation (...). Frühe, harte Entscheidungen zur IT-Plattform (...). Konsequente Entscheidungen über Organisationsstruktur und personelle Besetzung (...). Hohe Aufmerksamkeit für Kulturfragen (...).“*

  (Quelle: Penzel, H.-G., Klare Strategie und Zielausrichtung: Erfolgsfaktoren für das Post Merger-Management in Banken, in: zeitschrift führung + organisation 69 (2000), S. 18-36, hier: S. 26)

- *„We recommend: Make the most of the first two years to unleash the synergy effects. Time synergy actions and effects, control the integration process on the basis of the synergy effects achieved. Top management should be committed to the integration process and act as the role models for radical change. Keep moving forward, compromise only when necessary. Don't speed and cultural integration as conflicting, but complementary over time: synergies first, then cultural integration.“*

  (Quelle: Schwenker, B.; Moje, H., Post Merger Integration, Hamburg 2000, S. 22)

- *„Die sieben Schlüsselfaktoren erfolgreicher Fusionen: ...Schaffen Sie Klarheit über die Zukunft und den Weg dorthin, ...Stellen Sie so schnell wie möglich eine Führungsmannschaft auf, ...Behalten Sie das Thema Wertsteigerung im Auge, ...Handeln Sie konstruktiv, erzielen Sie Erfolge und kommunizieren Sie, was Sie erreicht haben, ...Kommen Sie ‚weichen' mit ‚harten' Maßnahmen bei, ...Schaffen Sie Zustimmung und Orientierung und nehmen Sie Erwartungen auf, ...Seien Sie proaktiv statt reaktiv.“*

  (Quelle: Habeck, M.H.; Kröger, F.; Träm, M., „Wi(e)der das Fusinonsfieber – Die sieben Schlüsselfaktoren erfolgreicher Fusionen, 2. Auflage, Wiesbaden 2002, S. 27 ff.)

- *„Zwölf Grundsätze für M&A: ... strategische Harmonie der Partner ... kein fauler Kompromiss am Schluss der Verhandlung ... hohe Management-Attention ... nur die Besten arbeiten im M&A-Prozess mit ... keine Zuschauer im PMI-Prozess ... Vision und Mission des neuen Unternehmens formulieren ... Maßnahmen schnell umsetzen, ohne die Komplexität zu forcieren ... Komplexität der Merger-Organisation nur kontinuierlich erhöhen ... Jedes Projektthema präzisieren und genau beschreiben ... mit voller Transparenz steuern ... unbürokratisch handeln ... das Ziel nicht aus dem Auge verlieren: Mehr Profitabilität und mehr Wachstum."*

  (Quelle: Grube, R.; Töpfer, A., Post Merger Integration – Erfolgsfaktoren für das Zusammenwachsen von Unternehmen, Stuttgart 2002, S. 55 ff.)

Jedes dieser vermeintlichen Erfolgsrezepte erscheint bereits auf den ersten Blick plausibel und nachvollziehbar. Doch die Plausibilität, die ihnen manchmal zugrunde liegt, bietet im Falle eines Scheiterns auch eine elegante Möglichkeit der Erklärung bzw. Entschuldigung. Nicht zuletzt aus diesem Grund erfreuen sich diese Post Merger Erfolgsrezepte größter Beliebtheit in Managementkreisen.

Denn aller Plausibilität zum Trotz: keines der skizzierten Erfolgsrezepte ist bisher in Zahlen – also empirisch – untermauert worden. Die Handlungsempfehlungen sind vielfach generalisierte Einzellfallbetrachtungen; nicht mehr und nicht weniger.

Ein Großteil deutscher Führungskräfte hat kein klares Bild von den wirklichen Erfolgsfaktoren

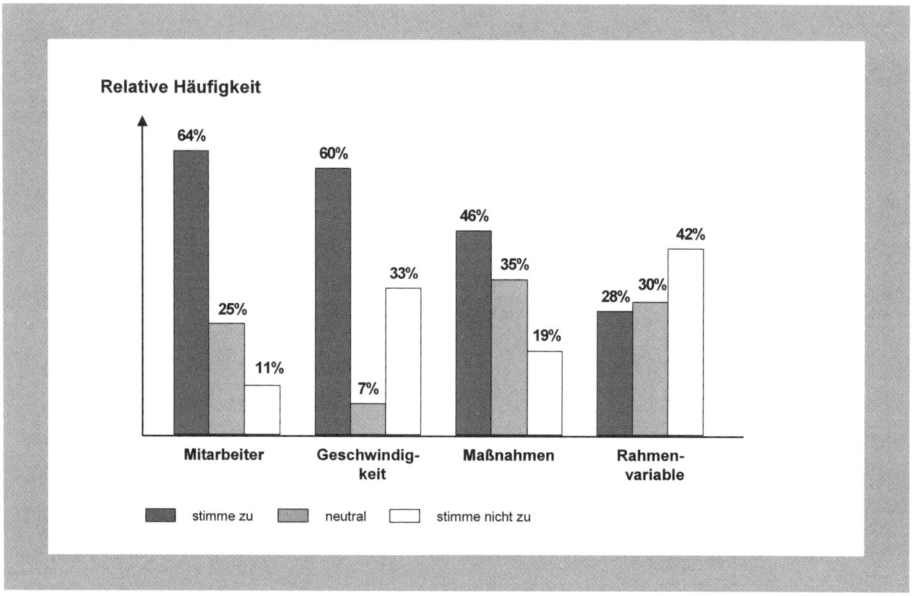

Abb. 8: Zustimmung deutscher Führungskräfte

Wir wollten es genauer wissen. Aus diesem Grund befragten wir Führungskräfte deutscher Unternehmen nach ihren Erfolgsrezepten für Post Merger Integrationen (siehe Abb. 8).

- **PMI-Erfolgsrezept: *„Mitarbeiterwiderstände bilden die größte Integrationsbarriere!"***
  In einem Punkt sind sich die befragten Führungskräfte einig: 89 Prozent der befragten Manager stimmen mehr oder weniger zu, dass Mitarbeiterwiderstände die größte Integrationsbarriere bei Fusionen darstellen. Ansonsten folgt das Management – wie die Ergebnisse der Studie belegen – sehr unterschiedlichen Erfolgs-

rezepten bei Post Merger Integrationen. Die weiteren Ergebnisse zeigen ein sehr uneinheitliches Bild.

- **PMI-Erfolgsrezept: *„Je schneller ein Integrationsprozess abläuft, desto erfolgreicher ist er!"***
  Bereits hier sind die Meinungen geteilt: Während 60 Prozent der Führungskräfte davon ausgehen, ein rasches Vorgehen erhöhe die Erfolgsaussichten einer Integration, glauben 33 Prozent fest an das Gegenteil. In ihren Augen mindert die zunehmende Integrationsgeschwindigkeit die Chance auf erfolgreiche Integration.

- **PMI-Erfolgsrezept: *„Weiche Maßnahmen sind für den Integrationserfolg wichtiger als harte!"***
  Auch die Bedeutung sogenannter „soft factors", wie z. B. die Anpassung der Unternehmenskulturen und des Mitarbeiterverhaltens, wird von den Führungskräften sehr unterschiedlich bewertet. 46 Prozent unterstellen, weiche Maßnahmen seien für eine erfolgreiche Integration wichtiger als harte. Vom Gegenteil überzeugt sind allerdings 19 Prozent.

- **PMI-Erfolgsrezept: *„Situative Rahmenbedingungen entscheiden letztlich über den Erfolg bzw. Misserfolg von Integrationen!"***
  Große Meinungsunterschiede bestehen auch in der Einschätzung der Rolle situativer Faktoren, wie z. B. die relative Unternehmensgröße, für eine erfolgreiche Integration. Während 42 Prozent der Befragten nicht an die Bedeutung situativer Faktoren glauben, unterstellen immerhin 28 Prozent der Führungskräfte, situative Rahmengrößen entschieden letztendlich über Erfolg bzw. Misserfolg von Integrationen.

Die aufrüttelnde Erkenntnis aus den Ergebnissen unserer Befragung: Deutsche Führungskräfte haben nur sehr vage Vorstellungen davon, welche Faktoren für den Erfolg von Post Merger Integrationen wirklich entscheidend sind.

Top-Management und operatives Management verfolgen unterschiedliche Erfolgsrezepte

Stichproben unter den verschiedenen Managementebenen zeigen, dass es zu differenzieren gilt. So ist die Einschätzung der beiden PMI-Erfolgsrezepte „Mitarbeiterwiderstände" und „Integrationsgeschwindigkeit" durch Top- und Middle-Management komplett verschieden: 85 Prozent der Top-Manager sind der Ansicht, Mitarbeiter stellen die größte Integrationsbarriere dar; auf Ebene der Bereichs- und Abteilungsleiter sind es lediglich 55 Prozent. 70 Prozent der Top-Manager favorisieren einen schnellen Integrationsprozess; im Middle-Management sind es nur 52 Prozent.

Beide Gruppen favorisieren teilweise sehr unterschiedliche Erfolgsrezepte. Vorstände und Geschäftsführer bevorzugen im Gegensatz zu Führungskräften der zweiten und dritten Ebene den schnellen Integrationsprozess. Darin spiegeln sich die unterschiedlichen Perspektiven der verschiedenen Managementebenen wider. Zudem betrachten sie im Gegensatz zu Abteilungs- und Bereichsleitern Mitarbeiterwiderstände als zentrale Integrationsbarriere.

Auf eine einfache Formel gebracht, lautet das Mantra des Top-Managements so: Der Integrationsprozess ist möglichst schnell zu absolvieren; dabei sind die größten Hindernisse die Mitarbeiter zu. Führungskräften der zweiten und dritten Ebene hingegen sind der Meinung, ein schnelles Vorgehen sei nachteilig und Mitarbeiterwiderstände werde man schon in den Griff bekommen. Konflikte zwischen den Management-Ebenen bei der operativen Umsetzung der Post Merger Integrationen scheinen damit vorprogrammiert.

Ein großer Teil des operativen Managements verfügt nur über geringe Erfahrungen mit Post Merger Integrationen

Auf Ebene des operativen Managements scheint Learning-by-Doing das Gebot der Stunde zu sein, denn ein Großteil hat nur wenig Integrationserfahrung. Während immerhin 83 Prozent der befragten Top-Manager angaben, sie hätten bereits Integrationsprozesse begleitet, sah die Situation bei Führungskräften der zweiten und dritten Ebene dramatisch anders aus: 53 Prozent gaben an, kaum oder nur wenig Erfahrung mit Integrationen zu haben.

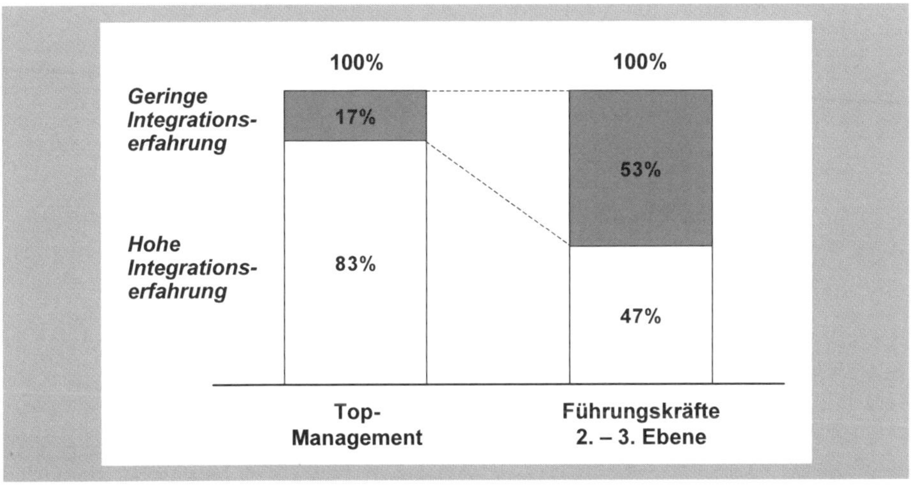

Abb. 9: Erfahrung des Managements mit Post Merger Integrationen

Kritisch an diesen Befunden ist die Tatsache, dass der Großteil der Integrationsaufgaben letztendlich vom operativen Management gemeistert werden muss. Und gerade hier existieren die größten Erfahrungsdefizite. Auch der nachhaltige Eingriff des Top-Managements bringt dabei nur wenig Hilfe, da es in den seltensten Fällen über das erforderliche operative Know-how verfügt. Der zunehmenden Bedeutung von Post Merger Integrationen zum Trotz: Für die meisten Integrationsmanager handelt es sich insbesondere auf der operativen Ebene oftmals um das berühmte erste Mal.

Die Gefahren liegen hierbei auf der Hand: Mangelnde Erfahrung führt dazu, dass das Vorgehen nicht zielgerichtet erfolgt. Man kämpft auf Nebenkriegsschauplätzen und verliert sich in Detailproblemen. Eine falsche Priorisierung führt zu einem ressourcenintensiven Integrationsprozess, bei dem zeitintensive Schleifen gedreht werden. Können diese Gefahren nicht kompensiert werden, indem intime Kenntnisse des eigenen Unternehmens oder des Branchenumfeldes vorliegen, so läuft die Integration Gefahr, bei ihrer operativen Umsetzung an strukturimmanenten Problemen zu scheitern.

Design der Studie

- *Zur Entlarvung von Post Merger Binsenweisheiten wurden Integrationen von mehr als 120 Unternehmen analysiert.*
- *Untersucht wurde der Einfluss von 45 Faktoren, die in Literatur und Praxis für den Integrationserfolg oder -misserfolg verantwortlich gemacht werden.*
- *Zur Untersuchung der Erfolgsmechanik wurden die 45 Faktoren auf Basis eines multivariaten Integrationsmodells in fünf Gruppen unterteilt:*
  1. *Situative Einflussfaktoren, die den Rahmen der Integration bilden (Integrationskontext)*
  2. *Synergieziele, die mit der Integration verfolgt werden (Integrationsziele)*
  3. *Maßnahmen, die das Management zur Gestaltung des Integrationsprozesses ergreift (Integrationsgestaltung)*
  4. *Widerstände, die die Integration behindern können (Integrationsbarrieren)*
  5. *Geschwindigkeit, mit der die Integration nach vorne getrieben wird (Integrationsgeschwindigkeit)*

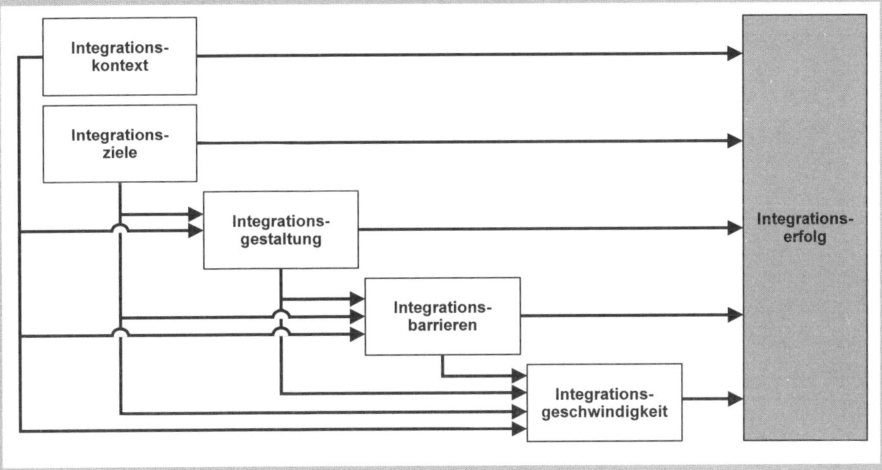

- *Die Berechnung der Erfolgsbeziehungen wurde mit Hilfe einer Pfadanalyse vorgenommen. Diese Methode erlaubt – im Gegensatz zu sonst üblichen Analysen von Korrelationen und Häufigkeiten – nicht nur die Quantifizierung der Einflussstärke der Erfolgsfaktoren, sondern darüber hinaus auch einen differenzierten Vergleich von direkten und indirekten Erfolgseinflüssen.*
  Zur Klassifikation der Erfolgseffekte wurden folgende Grenzen festgelegt:
  - *starker positiver Erfolgseinfluss (> 0,4)*
  - *positiver Erfolgseinfluss (0,1 bis 0,4)*
  - *erfolgsneutral (-0,1 bis +0,1)*
  - *negativer Erfolgseinfluss (-0,4 bis -0,1)*
  - *starker negativer Erfolgseinfluss (< -0,4)*

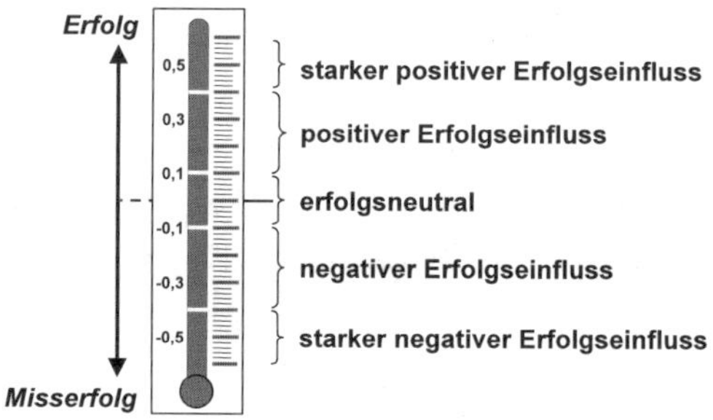

„Rahmenbedingungen entscheiden über Erfolg und Misserfolg!“

Hinter Schlagworten wie Cross-border Merger, Merger-of-Equals oder aber Corporate Merger steht implizit die Annahme, situative Rahmenbedingungen wie etwa die relative Größe oder aber die nationale Herkunft von Unternehmen besäßen Einfluss auf die Erfolgswahrscheinlichkeit von Post Merger Integrationen.

Vertreter dieser Sichtweise gehen z. B. davon aus, dass sich die Integration von Unternehmen mit unterschiedlicher geographischer Herkunft (Cross-border Merger) aufgrund kultureller und sprachlicher Unterschiede schwieriger gestaltet und deshalb im Vergleich zu rein nationalen Mergern geringe Erfolgswahrscheinlichkeit besitzen.

Ein anderer Klassiker dieser Sichtweise unterstellt in vergleichbarer Plausibilitätslogik, dass die Integration ähnlich großer Unternehmen (Merger-of-Equals) das Management aufgrund der vermeintlich größeren Komplexität vor besondere Schwierigkeiten stellt. Insbesondere sei dieser Mergertyp aufgrund der fehlenden natürlichen Dominanz eines Partners der Gefahr ausgiebigen politischen Tauziehens ausgeliefert. Demzufolge seien die Erfolgsaussichten von Merger-of-Equals insbesondere im Vergleich zu Integrationen von kleineren Unternehmen insgesamt geringer.

Vielfach findet sich auch die Ansicht, dass Merger, die unterhalb eines Konzerndaches stattfinden – sogenannte Corporate Merger –, einfacher zu realisieren sind, als Merger zweier unverbundener Unternehmen. Vertreter dieser Perspektive gehen davon aus, dass sich der Einfluss der gemeinsamen Mutterorganisation als hilfreich für die Integration erweist. Hierbei werden Aspekte wie bereits vereinheitlichte Reportingprozesse oder aber die Existenz einer gemeinsamen Konzernkultur hervorgehoben.

Insbesondere für den Misserfolg von Post Merger Integrationen werden oftmals die – dann meist widrigen – situativen Rahmenbedingungen verantwortlich gemacht. Eine derartige Begründung wird vielfach akzeptiert. Nicht anders ist es zu erklären, dass auch dieses Argument auf der Hauptversammlung der **BMW AG** vom Vorstand herangezogen wurde, um den kritischen und unzufriedenen Shareholdern eine Erklärung für das Scheitern der Fusion mit **Rover** zu liefern.

„Aber angesichts der Erkenntnis dramatisch veränderter Rahmenbedingungen war die Grenze des für uns unternehmerisch Verantwortbaren erreicht. Wir haben deshalb gehandelt und am 16. März 2000 eine Entscheidung herbeigeführt – nämlich, uns von Rover zu trennen und die BMW Group neu auszurichten."

Joachim Milberg,
ehemaliger Vorstandsvorsitzender der BMW AG

(Quelle: Auszug aus der Rede anlässlich der Hauptversammlung der BMW AG vom 16.05.2000)

Post Merger Integrationen finden nicht im luftleeren Raum statt. Es ist offensichtlich, dass das Integrationsmanagement situative Rahmenbedingungen wie kulturelle Unterschiede oder die Größe der Unternehmen berücksichtigen muss. Fraglich ist jedoch, wie stark der Erfolgseinfluss situativer Rahmenbedingungen ist und welches Vorzeichen ein möglicher Erfolgseinfluss besitzt. Können also situative Rahmenbedingungen wirklich für den Erfolg bzw. Misserfolg einer Integration verantwortlich gemacht werden?

Im Rahmen unserer Studie haben wir uns auf die Beantwortung der folgenden Fragestellungen konzentriert:

- Sind grenzübergreifende Integrationen (Cross-border Merger) im Hinblick auf kulturelle und sprachliche Schwierigkeiten weniger erfolgreich als nationale Integrationen?
- Sind Zusammenschlüsse von Unternehmen gleicher Größenordnung (Merger-of-Equals) in Anbetracht der vermeintlich größeren Komplexität weniger erfolgreich als Zusammenschlüsse unterschiedlich großer Unternehmen?
- Ist die Integration von Tochterunternehmen (Corporate Mergers) angesichts der Zugehörigkeit zu einem gemeinsamen Mutterunternehmen erfolgreicher?

Merger-of-Equals benötigen zusätzliche Managementkapazitäten, um den leichten Erfolgsvorsprung zu sichern

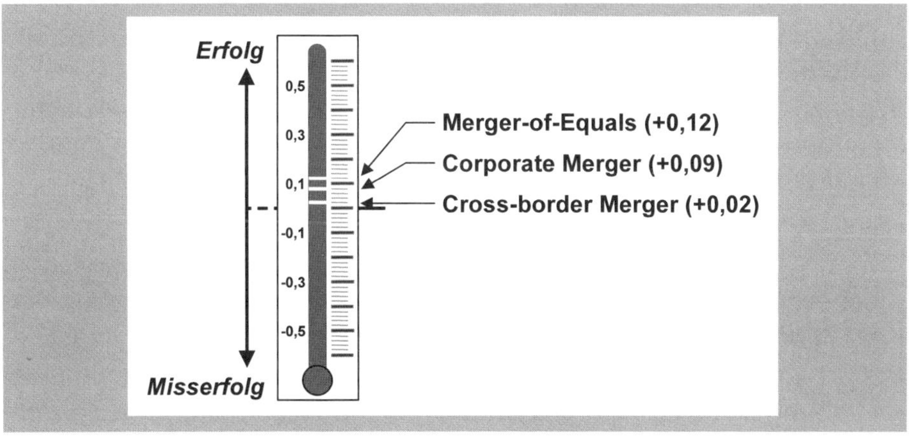

Abb. 10: Erfolgseinfluss der Rahmenbedingungen

Merger-of-Equals weisen einen leichten Erfolgsvorsprung auf. Demnach sind die Erfolgsaussichten bei der Integration gleich großer Unternehmen trotz der vermeintlich höheren und der vielfach zu befürchtenden Komplexität besser als z. B. bei der Integration kleinerer Unternehmen. Dieser leichte Erfolgsvorsprung des Merger-of-Equals stellt sich jedoch nur dann ein, wenn das Management die Bedeutung der Integration für das Gesamtunternehmen erkennt und zusätzliche Kapazitäten für die Bewältigung der Integrationsaufgaben bereitstellt.

Im Falle gleich großer Unternehmen stellt der Integrationsprozess für jedes der beteiligten Unternehmen eine hoch komplexe Aufgabe dar, die nur zu bewältigen ist, wenn ausreichend Kapazität – insbesondere personelle – zur Verfügung steht und geeignete leistungsstarke Instrumente des Integrationsmanagements eingesetzt werden. Ohne die notwendigen zusätzlichen Ressourcen sind die Erfolgsaussichten von Merger-of-Equals nicht wesentlich höher.

Insbesondere bei klein- und mittelständischen Unternehmen ist die Grundvoraussetzung zusätzlicher Managementkapazitäten oftmals nicht gegeben. Demnach sind die Möglichkeiten klein- und mittelständischer Unternehmen für einen erfolgreichen Merger-of-Equals aufgrund der dünnen Ressourcendecke oftmals begrenzt. Jedoch stehen im Zeitalter von Business Process Reengineering und Lean Management nicht nur bei klein- und mittelständischen Unternehmen, sondern auch bei Großunternehmen oftmals keine ausreichenden Ressourcen für die Durchführung der Integration zur Verfügung.

Der Merger von **Daimler-Benz** und **Chrysler** ist ein gutes Beispiel für das höchst komplexe Integrations-Projektmanagement, welches insbesondere bei einem Merger-of-Equals notwendig ist. Folgende Abbildung zeigt das Ausmaß der zusätzlich zur Verfügung gestellten Managementkapazität. Im Rahmen des PMI-Managements wurden gemischte Mitarbeiterteams auf 98 Hauptprojekte – die sich wiederum in zahlreiche Subprojekte aufgliederten – verteilt. Diese wurden zu insgesamt zwölf Projektclustern zusammengefasst.

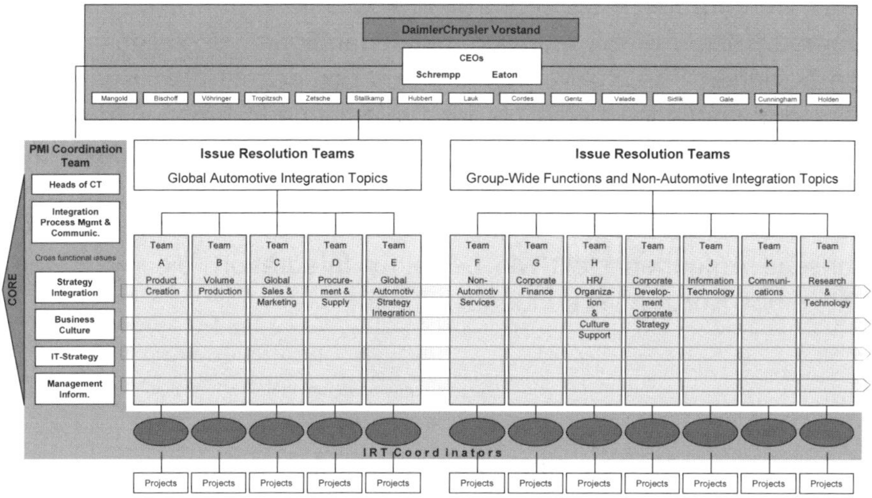

Prinzipskizze der PMI-Organisation von DaimlerChrysler

(Quelle: in Anlehnung an Grube, R.; Töpfer, A., Post Merger Integration – Erfolgsfaktoren für das Zusammenwachsen von Unternehmen, Stuttgart 2002, S. 122.)

Corporate Merger sind nicht wesentlich einfacher

Auch um die Zusammenschlüsse von Tochterunternehmen (Corporate Mergers) ist es, was die Erfolgsaussichten angeht, nicht viel besser bestellt. Denn trotz der Zugehörigkeit zum gleichen Unternehmensverbund stellen sie ähnliche Anforderungen an das Management wie Merger zwischen unabhängigen Unternehmen. Der gestaltende Einfluss der gemeinsamen Mutterorganisation erhöht die Erfolgschancen nicht wirklich.

Das Management sollte nicht dem Trugschluss verfallen, die Tatsache, dass z. B. die Mitarbeiter unter einer bereits existenten, mehr oder minder einheitlichen Konzernkultur agieren oder dass standardisierte Instrumente des Konzerncontrollings bereits eingesetzt werden, lasse die Integration von selbst zum Erfolg werden. Gerade Konzerne mit rechtlich selbstständigen Tochtergesellschaften beziehen ihre Stärke vielfach aus der dezentralen Kompetenz der Konzernglieder. Lediglich der strategische Rahmen wird von der Konzernholding vorgegeben, ansonsten dominieren dezentrale Handlungsspielräume und Bereichsautonomie. Aber genau diese Stärke der Dezentralität ist es, die das Integrationsmanagement vor ähnliche Aufgaben stellt wie bei einer Integration, die nicht innerhalb eines Konzernverbundes stattfindet.

Cross-border Merger sind nicht wesentlich riskanter

Die Studien-Ergebnisse widersprechen der landläufigen Meinung, wonach länderübergreifende Merger z. B. aufgrund von Sprach- und Kulturunterschieden grundsätzlich geringere Erfolgsaussichten haben. Auch hier steht und fällt die Integration mit der Wahl der richtigen – auf den Cross-border Merger ausgerichteten – Integrationsinstrumente. Mit ihrer Hilfe lassen sich derart offensichtliche Unterschiede durchaus beseitigen. Man denke hier nur an das weite Feld der Schulungsmaßnahmen und der personellen Verzahnung der Mitarbeiterteams, die selbst im Falle einer zeitlichen Befristung zum Gelingen der Integration beiträgt.

Die hier vorgelegten Ergebnisse dürfen aber nicht dahingehend interpretiert werden, Cross-border Merger liefen gänzlich ohne Probleme ab. Vielfach werden durch eine emotionalisierte Öffentlichkeit zusätzliche Probleme in das Unternehmen hineingetragen. Insbesondere den Medien und vor allem der Boulevardpresse fällt hierbei eine Schlüsselrolle zu. Stichworte wie *Eroberungsverhalten* auf der einen oder *Wagenburgmentalität* auf der anderen Seite charakterisieren eine Stimmung, die versucht, die Gründe für die Integration von der ökonomischen auf die politische Ebene zu verschieben. Gelingt dies, erwachsen hieraus handfeste Probleme für den

Cross-border Merger. So kann es politisch nicht mehr korrekt sein, Kunde des eroberten Unternehmens zu sein, da dies angeblich nur dem Eroberer nutzt.

Die Fusion des holländischen Stahlkonzerns ***Koninklijke Hoogovens*** mit der ***British Steel*** zu Europas zweitgrößtem Stahlkonzern ***Corus*** zeigt, wie schwierig ein Cross-border Merger sein kann:

*„Der Streit beim britisch-holländischen Stahlkonzern **Corus** ist voll entbrannt: Der Aufsichtsrat schimpft gegen den Vorstand, die Niederländer gegen die Engländer. Nachdem nun Gerichte entscheiden müssen, ist der CEO Tony Pedder zurückgetreten ... Zwei Gruppen stehen sich dabei gegenüber: der Aufsichtsrat, beherrscht von den Holländern, geführt von Leo Berndsen, und der Vorstand, dominiert von den Briten. ... Berndsen rebelliert gegen CEO Pedder und die graue Eminenz im Konzern, Chairman Brian Moffat. Die beiden wollen die Aluminium-Sparte für 860 Mio. Euro an den französischen Pechiney-Konzern verkaufen. Berndsen blockiert per Veto. Ihm missfällt, dass die Briten mit dem Verkauf die Schulden englischer Werke tilgen wollen. Der Aufsichtsrat möchte das Geld investieren. ... Die Briten wollen es den Niederländern mal so richtig zeigen. Ohne Schlichtungsversuch klagen sie gegen den Aufsichtsrat – und verlieren. Ein Gericht verbietet am Donnerstag den Verkauf. Pedder bleibt nur noch der Rücktritt, Chairman Moffat führt den Stahlriesen kommissarisch, sucht einen neuen Vorstandschef."*

(Quelle: Financial Times Deutschland vom 17.03.2003)

Der Einfluss situativer Rahmenbedingungen ist deutlich geringer als vielfach angenommen

Bis auf den leichten Erfolgsvorsprung von Merger-of-Equal erweisen sich die untersuchten Rahmenbedingungen als weitgehend erfolgsneutral – weder nennenswerte positive noch negative Wirkungen gehen von ihnen aus. Der Einfluss der situativen Rahmengrößen auf den Integrationserfolg ist deutlich weniger stark ausgeprägt als vielfach angenommen.

Vergleicht man dieses Ergebnis mit dem Meinungsbild deutscher Führungskräfte, so ergibt sich ein höchst bedenkliches Bild: Von den dort befragten Managern glauben 25 Prozent, dass situative Rahmenbedingungen letztlich über Erfolg oder Misserfolg der Integration entscheiden. Jeder vierte deutsche Manager liegt also mit seiner Einschätzung des Erfolgseinflusses von Rahmenbedingungen bei Post Merger Integrationen falsch! Der Erfolg lässt sich ebenso wenig wie der Misserfolg einer Integration mit günstigen oder ungünstigen Rahmenbedingungen erklären bzw. entschuldigen.

FALSCH:	**„Rahmenbedingungen entscheiden über Erfolg bzw. Misserfolg!“**
RICHTIG:	**Der Einfluss situativer Rahmenbedingungen auf den Integrationserfolg ist relativ gering. Das Integrationsmanagement hält den Schlüssel zum Erfolg selbst in der Hand!**

„Je schneller, desto besser!“

Die Anhänger dieses Erfolgsrezepts gehen davon aus, dass eine hohe Geschwindigkeit einen positiven Erfolgsdruck auf die Post Merger Integration ausübt. Diese Auffassung wird verkürzt mit Schlagworten wie *move as fast as possible* oder *time is the enemy of successful integration* wiedergegeben. Zu den möglichen Vorteilen einer hohen Integrationsgeschwindigkeit wird beispielsweise gezählt, dass sich Veränderungen unter Ausnutzung der Erwartungshaltung der Mitarbeiter bei einem raschen Vorgehen leichter durchsetzen lassen. Hierbei wird oftmals von der Existenz eines Window of Opportunity ausgegangen, das sich vermeintlich nach kurzer Zeit wieder schließt. Dann sind Veränderungen nur schwer möglich.

Ein weiteres Argument für eine hohe Integrationsgeschwindigkeit ist die Vermeidung bzw. der Abbau von Unsicherheiten auf Seiten der Mitarbeiter. Sie sind dadurch integrationsbedingten Veränderungen in kürzerer Zeit ausgeliefert – damit sinkt auch der Stress für sie.

Oftmals wird eine hohe Integrationsgeschwindigkeit auch deshalb gefordert, um das Wertsteigerungspotenzial der Akquisition für die Shareholder möglichst zügig zu realisieren. Auch das Ziel, die Aufmerksamkeitskonzentration der Mitarbeiter auf unternehmensinterne Ereignisse – z. B. in Form von Machtkämpfen um die Besetzungen von Positionen – baldmöglichst zu beenden, wird von Managern als Argument für eine hohe Integrationsgeschwindigkeit genannt; in diesem Sinne soll ein rasches Vorgehen ermöglichen, dass sich die Mitarbeiter so schnell wie möglich wieder auf die Anforderungen des Marktes und des operativen Tagesgeschäftes konzentrieren.

Bereits ein Jahr nach der Fusion von **Hewlett-Packard** und **Compaq** ist aus Sicht der ehemaligen Konzernchefin Carly Fiorina die Post Merger Integration der beiden Unternehmen offensichtlich abgeschlossen. Im Rahmen der Präsentation der Quartalszahlen führte sie aus:

„Wir sind keine Integrations-Story mehr, jetzt konzentrieren wir uns aufs Gewinnen und Wachsen."

Carly Fiorina
Chairman and CEO of Hewlett-Packard Company

(Quelle: Financial Times Deutschland vom 22.05.2003)

Die meisten Führungskräfte gehen planlos in die Integration

Folgt man den Ausführungen des ehemaligen Vorstandsvorsitzenden der BMW AG Bernd Pischetsrieder, so stellt auch die mangelnde Fokussierung des Führungsteams eine Ursache für das Scheitern der Fusion von **BMW** und **Rover** dar. Im Interview auf die Frage, ob die Probleme bei Rover mit etwas mehr Geduld hätten gelöst werden können, antwortet Pischetsrieder:

„Ja, wenn wir anstatt lange über den richtigen Weg zu streiten, schneller gehandelt hätten."

Bernd Pischetsrieder,
Vorstandsvorsitzender der Volkswagen AG und ehemaliger Vorstandsvorsitzender der BMW AG

(Quelle: Wirtschaftswoche vom 21.12.2000)

Nur etwa jedes siebte Unternehmen ergreift bereits vor der formalen Vertragsunterzeichnung Integrationsmaßnahmen. Mit etwa 84 Prozent wartet der weitaus größte Teil der Manager bis zur formalen Vertragsunterzeichnung, ehe Maßnahmen ergriffen werden.

Das Management beschäftigt sich in der Pre-Merger Phase nach wie vor viel zu wenig mit der Planung der Integration. Zumeist ist das Top-Management so sehr mit den Vertragsverhandlungen und dem Closing beschäftigt, dass die Vorbereitung der Integrationsphase schlichtweg vergessen wird. Dabei sollten sowohl Maßnahmen zur Bindung von Kernmitarbeitern als auch zur Strukturierung der Führungskräfte-Interaktion bereits am Day One erarbeitet und eingeleitet sein. Nur auf diese Weise lässt sich die Abwanderung von High Potentials und das große Chaos am Day One vermeiden. Gleiches gilt u.a. auch für die Gestaltung integrationsfördernder Anreizsysteme. Mitarbeiter werden die Integration nur dann von Anfang an proaktiv unterstützen, wenn sich ihnen bereits am Tag nach der Bekanntgabe des Zusammenschlusses Anreize bieten. Fazit: Die meisten Manager verschlafen den Start der Integration.

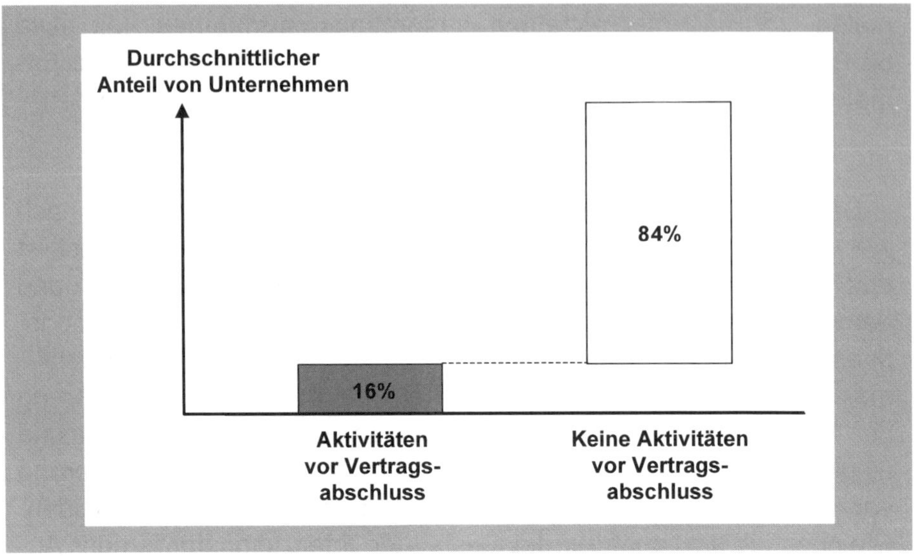

Abb. 11: Umfang von Pre-Merger Integrationsaktivitäten

Auf der Suche nach den Gründen dafür trifft man immer wieder auf Probleme, die mit Defiziten bei der klaren Fokussierung von Entscheidungskompetenzen zu erklären sind. Es fehlt der Macher, der Promotor der Integration, der zügig – der Komplexität der Integrationsaufgabe angepasst – auf eine Entscheidung hinarbeitet.

Nur eine moderate Integrationsgeschwindigkeit führt zum Erfolg

Integrationen, die unter Hochgeschwindigkeit gefahren werden, führen nicht zum Erfolg. Doch lässt man sich hingegen zuviel Zeit mit der Integration, ist der Misserfolg ebenfalls vorprogrammiert.

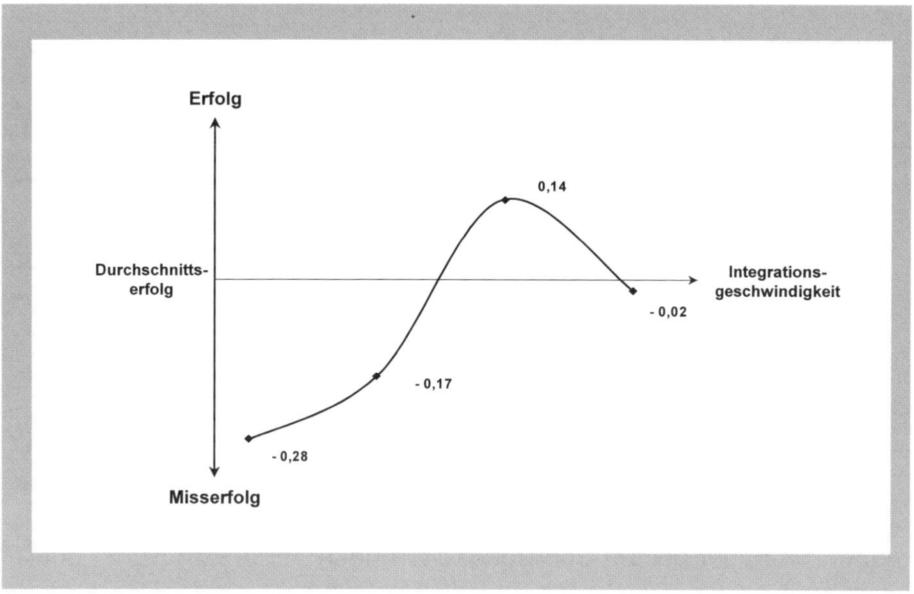

Abb. 12: Erfolgseinfluss der Integrationsgeschwindigkeit

Im Gegensatz zur landläufigen Meinung, wonach man den gesamten Integrationsprozess unter Höchstgeschwindigkeit fahren soll, wenn man erfolgreich integrieren will, zeigt die Integrationspraxis, dass eine hohe Integrationsgeschwindigkeit die Erfolgsaussichten von Post Merger Integrationen nicht zwangsläufig verbessert. Die Vorteile eines raschen Vorgehens, wie z. B. die Ausnutzung einer positiven Veränderungserwartung der Mitarbeiter oder aber der Abbau von Unsicherheiten auf Seiten des Personals, können die Nachteile einer hohen Integrationsgeschwindigkeit nicht „wettmachen". Erfolgversprechend ist eine moderate Integrationsgeschwindigkeit: zügig ohne übertriebene Hetze!

Durchschnittsunternehmen geben Vollgas nach einem verschlafenen Start

Im Hinblick darauf, dass die überwiegende Zahl der Manager vor der Vertragsunterzeichnung so gut wie gar keine Integrationsmaßnahmen ergreifen, überrascht es umso mehr, dass die Unternehmen im Durchschnitt bereits nach den berühmten „ersten 100 Tagen“ ca. 80 Prozent der Integrationsmaßnahmen in Angriff genommen haben. Dieses Verhalten erinnert an einen Autofahrer, der seinen Sportwagen an einem kalten Wintermorgen aus der Garage holt und gleich Vollgas gibt. Weder einen solchen Autofahrer noch einen Manager sollten Schwierigkeiten nach der ersten Kurve überraschen.

Die Gründe für ein solch hohes Anfangstempo sind vielfältig. Zum einen – und dies zeigen nicht zuletzt unsere bereits oben vorgestellten Ergebnisse zur Akzeptanz dieses PMI-Erfolgsrezeptes – wird eine hohe Integrationsgeschwindigkeit gerade vom Top-Management als zentraler Erfolgsfaktor angesehen. Zum anderen ist selbst das Management nicht frei von Sachzwängen. So müssen – häufig angetrieben von den Shareholdern – bereits kurzfristig Resultate abgeliefert werden. Das Integrationsmanagement steht damit unter einem enormen Erfolgsdruck. Fusionen und Akquisitionen sind nicht zuletzt auch im Mittelpunkt des öffentlichen Interesses und werden von Vertretern der Wirtschaftspresse nur allzu gerne kritisch beäugt. All dies sind Gründe, die – ist die Ampel erst einmal auf Grün gesprungen – dazu führen, dass man alles versucht, den Integrationsprozess extrem schnell voranzutreiben. Der Großteil der Integrationsmaßnahmen wird simultan gestartet und von einer wohl temperierten Beschleunigung kann keine Rede sein.

Beherrschbarkeit des Integrationsprozesses sinkt bei angespannter Ressourcendecke exponentiell mit der Integrationsgeschwindigkeit

Die dysfunktionalen Effekte einer überhöhten Integrationsgeschwindigkeit zeigen sich insbesondere in der Überforderung der Mitarbeiter. Unter der Annahme konstanter Ressourcenausstattung führt eine hohe Integrationsgeschwindigkeit zwangsläufig dazu, dass die Arbeitsbelastung und damit die Gefahr einer Überlastung der Mitarbeiter zunimmt. Eine hohe Geschwindigkeit verstärkt die Gefahr, dass für eine erfolgreiche Integration notwendige Arbeitsschritte nur ansatzweise oder gar nicht durchgeführt werden können. Kann ein Unternehmen also eine höhere Integrationsgeschwindigkeit ressourcenseitig nicht unterstützen, steigt dabei das Risiko von Fehlentscheidungen.

Dabei drängt sich der Vergleich mit physikalischen Gesetzen auf, denen zufolge der Energieverbrauch bei der Beschleunigung träger Massen überproportional mit der Geschwindigkeit steigt – und welcher Manager würde im Zusammenhang mit organisatorischen Veränderungsprozessen einer solchen Wortwahl widersprechen. Demnach ist eine sehr hohe Integrationsgeschwindigkeit nur dann möglich, wenn das Management überproportional Ressourcen für die Durchführung der Integration bereitstellen kann. Eine Bedingung, die im Zeitalter von Business Process Reengineering und Lean Management, nicht nur bei klein- und mittelständischen Unternehmen, sondern auch bei Großunternehmen nicht als gegeben vorausgesetzt werden kann.

Es gibt aber auch Ausnahmen, denen der schwierige Spagat zwischen Geschwindigkeit und Zeit gelingt:

„Die Führung des Verpackungsspezialisten ***Carl Edelmann*** *aus Heidenheim hat an das Tempomärchen nie geglaubt. Das Unternehmen ging 1999 im Bereich gefütterte Verpackungen und Spezialfüllmaschinen mit dem Wuppertaler Konkurrenten* ***August Jung & Söhne*** *zusammen. Managing Director Joachim Lange dazu: „Die Führung des neuen Gemeinschaftsunternehmens wurde sofort installiert, sonst sind wir beim Tempo eher behutsam.“ Der Grund: Für den Erfolg des Projekts ist es wichtig, dass bei Zusammenführung des Maschinenbaus beider Partner „das hohe fachliche Know-how im Unternehmen gehalten wird“, so Lange. „Deshalb nehmen wir uns die Zeit, auch für die Mitarbeiter annehmbare Lösungen zu finden.“*

(Quelle: Wirtschaftwoche vom 20.04.2000)

Ein anderes physikalisches Gesetz besagt, dass das Moment des beschleunigten Systems mit zunehmender Geschwindigkeit größer wird. In anderen Worten, es werden Richtungsänderungen mit zunehmender Geschwindigkeit schwieriger und die Steuerungsmöglichkeiten des Managements sinken mit steigender Geschwindigkeit. Im Ergebnis verliert das Integrationsmanagement mit zunehmender Geschwindigkeit den Handlungsspielraum, um flexibel auf unvorhergesehene Ereignisse reagieren zu können. Doch dies ist eine Grundvoraussetzung, denn kein Integrationsplan ist perfekt und kann sämtliche Ereignisse voraussehen.

Nicht zuletzt im Hinblick auf die Vielzahl der Veränderungen und den damit in Zusammenhang stehenden Nicht-Routine Entscheidungen, die das Management während einer Integration zu meistern hat, ist der skizzierte Befund kein Plädoyer fürs Trödeln. Doch der Ansatz „alles auf einmal und sofort“ ist sicherlich von Anfang an zum Scheitern verurteilt.

Integrationshektik verschreckt auch die Marktpartner

Bei der Wahl der richtigen Integrationsgeschwindigkeit darf der Blick des Managements nicht nur auf die eigene Organisation gerichtet sein, es müssen auch die Konsequenzen für die Stakeholder insgesamt beachtet werden. So muss die Post Merger Integration nicht nur gegenüber den Kapitalgebern und Beschäftigten vertreten werden, sondern es gilt auch marktseitig Kunden und Lieferanten für die Fusion zu erwärmen. Vertrauensbezüge und Unternehmensbindung spielen dabei eine zentrale Rolle. Es gilt, das Vertrauen, das einem Fusionspartner vor dem Merger entgegengebracht wurde, sowie seine Kompetenz bei der Bereitstellung der vertriebenen Güter und Dienste, in die Fusion hinüberzuretten. Marktpartner präferieren die Kontinuität wohl geordneter und etablierter Geschäftsbeziehungen. Schnelle Veränderungen verunsichern sie. Insofern führt eine extrem schnelle Integration, die keine Rücksicht auf bestehende Strukturen und Bindungen nimmt, auch hier zum Misserfolg. Die Geschäftspartner fühlen sich überrumpelt und kündigen möglicherweise die Beziehung zum Unternehmen auf.

Wie wichtig ein solches moderates Integrationstempo vor dem Hintergrund der Bedürfnisse der Geschäftspartner ist, zeigt der Fall der Fusion der beiden Verlage **Random House Inc.** und **Bantam Doubleday Dell**. Über Peter Olsen, CEO von Random House Inc., wird im Zusammenhang mit der Integration von Bertelsmanns Bantam Doubleday Dell berichtet:

„Er sieht die Integration der beiden Verlagsgruppen (...) als einen allmählichen Prozess unter dem Stichwort Kontinuität. Damit reagierte Olsen vor allem auf heftige Proteste von Literaturagenten und Autoren."

(Quelle: Buchreport vom 30.07.1998)

FALSCH: **„Je schneller, desto besser!"**

RICHTIG: **Die Nachteile einer überhöhten Integrationsgeschwindigkeit überwiegen: Mitarbeiter werden überfordert und verunsichert, wesentliche Arbeitsschritte werden überhastet durchgeführt oder bleiben gänzlich liegen, die Beherrschbarkeit des Integrationsprozesses nimmt ab, Marktpartner werden verschreckt!**

„Mitarbeiterwiderstände bilden die größte Integrationsbarriere!“

Seit Mitte der Achtzigerjahre weisen insbesondere Vertreter der Organisationspsychologie auf die Bedeutung der Human Side of the Merger hin. Schlagworte wie Merger Syndrome oder Organizational Trauma belegen in diesem Zusammenhang plakativ ein verändertes Mitarbeiterverhalten als Antwort auf Fusionen und Akquisitionen.

Implizit wird dabei meist unterstellt, dass vor allem Mitarbeiter der zentrale Stolperstein der Integration sind. Man geht davon aus, dass sie die integrationsinduzierten Veränderungen rundweg ablehnen. Sie *wollen* die Integration einfach nicht. Dies kann sogar soweit gehen, dass sie Integrationsanstrengungen boykottieren bzw. proaktiv sabotieren. Vertreter dieser Perspektive führen für ablehnendes Mitarbeiterverhalten folgende Beispiele ins Feld: abnehmendes Engagement für das Unternehmen, geringere Identifikation der Mitarbeiter mit dem Unternehmen sowie eine erhöhte Abwanderungsbereitschaft und Fluktuation. Verstärkte Durchführung von Aktivitäten zur Sicherstellung der eigenen Machtposition werden ebenso genannt, wie die geringe Bereitschaft zur Weitergabe von korrekten bzw. aktuellen Informationen.

Verfechter dieser Sichtweise argumentieren, dass sich der Umgang mit derartigen Problemen äußerst schwierig gestaltet. Das Management der Mitarbeiterwiderstände sei sogar deutlich schwieriger und komplexer als die Überwindung der rein technischen Barrieren, die aus der Integration der operativen Teilbereiche heraus resultieren. Der Erfolg der Integration – so die These – stelle sich letztlich erst ein, wenn es gelinge die Mitarbeiterwiderstände – also das Nicht-Wollen der Mitarbeiter – zu überwinden.

Dass die Bedeutung der Human Side of the Merger in den Führungsetagen angekommen ist, zeigen folgende Zitate aus deutschen Großunternehmen:

„Ich denke aber auch an die Beschäftigten von fusionierten Firmen, über deren Köpfe hinweg entschieden wird. Wir dürfen diese Ängste nicht ignorieren, wir müssen sie sozial verträglich managen."

Rolf Breuer,
Vorstandssprecher der ***Deutschen Bank AG***

(Quelle: www.spiegel.de/wirtschaft/ unternehmen/ 0,1518, 110132,00.html; Aufruf vom 10.03.2003)

„Wenn sich die Menschen auf eine Gleichberechtigung eingestellt haben, auf einen Zusammenschluss gleich starker Unternehmen, dann aber etwas anderes vorfinden, werden sie sich nicht anpassen, sondern wehren."

Ferdinand Piech,
Vorstandsvorsitzender der ***Volkswagen AG***

(Quelle: www.spiegel.de/wirtschaft/unternehmen/ 0.1518.108244.00.html; Aufruf vom 08.01.2001)

(Quelle: Mitbestimmung 11 (2000), S. 43)

Nicht-Wollen und Nicht-Können sind zentrale Integrationsbarrieren

Die Praxis des Integrationsmanagements zeigt, dass das Management bei Post Merger Integrationen mit zwei ganz unterschiedlichen Arten von Hindernissen rechnen muss: den Nicht-Wollen Barrieren und den Nicht-Können Barrieren. Diese beiden zentralen Integrationsbarrieren lassen sich konkret wie folgt beschreiben:

- Nicht-Wollen Barrieren:
  Veränderungen, die zwangsläufig mit einer Post Merger Integration einhergehen, bedeuten für den einzelnen Mitarbeiter oftmals Ungewissheit über die eigene Zukunft. Aus diesem Unsicherheitsgefühl heraus resultiert die Neigung der Mitarbeiter, sich Veränderungen in den Weg zu stellen und an Altbekanntem festzuhalten. Die Risiken werden eher wahrgenommen als die Chancen, die sich durch die Integration ergeben. Wie die Befunde unserer Studie belegen, lassen sich Barrieren des Nicht-Wollens sowohl auf der Ebene der Geschäftsführung als auch auf der Ebene des operativen Managements finden. Allerdings: Vom Top-Management scheint auf den ersten Blick ein deutlich stärkeres Nicht-Wollen auszugehen. Dabei ist jedoch zu beachten, dass sich Führungskräfte der zweiten und dritten Ebene im Vergleich zum Top-Management nicht so augenfällig der Integration in den Weg stellen können. Insofern wird das Middle-Management als Ort der Nicht-Wollen Barriere nicht so stark in Erscheinung treten wie das Top-Management.

- Nicht-Können Barrieren:
  Nicht-Können Barrieren hindern Mitarbeiter – selbst bei ausreichendem Willen – eine Integration aktiv zu unterstützen. Sie lassen sich im Wesentlichen einerseits auf mangelnde Fähigkeiten der Mitarbeiter und andererseits auf organisatorische Merkmale der beteiligten Unternehmen zurückführen. Darüber hinaus hängt die Höhe von Nicht-Können Barrieren von der Erfahrung ab, die das Management mit Integrationsprojekten hat. Wie jedoch die bereits oben vorgestellten Ergebnisse gezeigt haben, ist es insbesondere das operative Management, das sich durch einen geringen Erfahrungsschatz im Hinblick auf Integrationen auszeichnet.

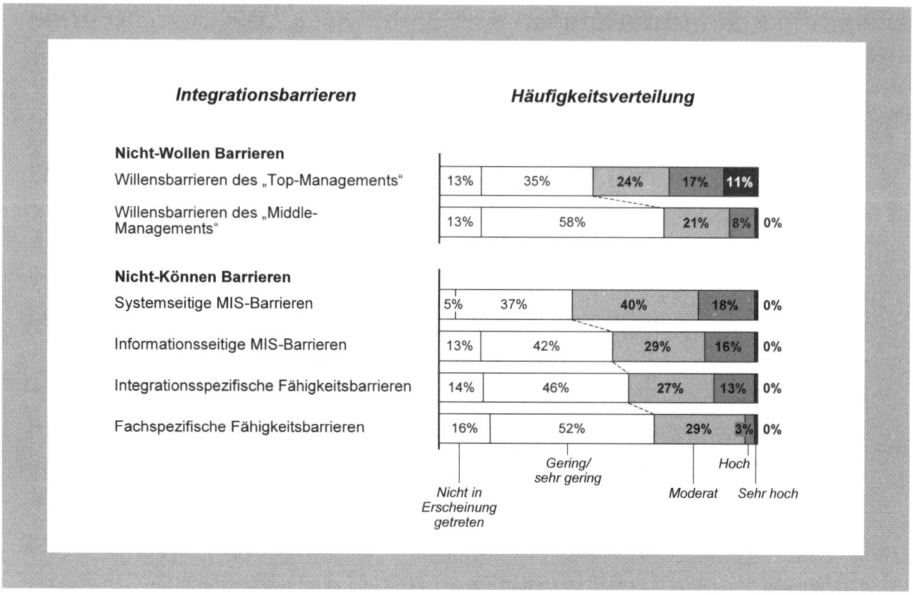

Abb. 13: Ausprägung der Integrationsbarrieren

Management-Teams wollen in der Regel nicht zusammenarbeiten

Nur in 13 Prozent der untersuchten Integrationen waren die Management-Teams uneingeschränkt zur Zusammenarbeit bereit. In der Regel steht das Management der Integration ablehnend gegenüber und stellt sich quer. Auch auf der Ebene des Management verfliegt demnach rasch, nach der Vertragsunterzeichnung, die Champagnerlaune. Katerstimmung macht sich breit.

Ihren sichtbaren Ausdruck finden Willens-Barrieren auf der Ebene des Managements nicht nur reaktiv in Form abnehmenden Engagements, sondern auch in mangelndem proaktivem Handeln. Sowohl in anglo-amerikanischen Ländern als auch in Deutschland finden Nicht-Wollen Barrieren ihren sichtbaren Ausdruck auf der

Ebene des Managements in einer erhöhten Fluktuationsrate. Wie empirische Studien belegen (z. B. Gerpott 1994), verzeichnen etwa 70 Prozent der Unternehmen einen Abgang im Top-Management in einem Zeitraum von drei Jahren nach der Zusammenführung. Ebenso wie in einer erhöhten Abgangsrate äußern sich Nicht-Wollen Barrieren in zahlreichen Fällen auch in einer Zunahme der Machtkämpfe, die auf die Sicherstellung der eigenen Position gerichtet sind. Diese Machtkämpfe können nicht zuletzt auch zu einer zeitlichen Verschleppung von notwendigen Entscheidungen führen und so die ganze Integration nachhaltig verzögern. Nicht selten finden diese Machtkämpfe ihren Ausdruck in einer geringeren Bereitschaft zur Weitergabe von korrekten und aktuellen Informationen. Somit tragen Willensbarrieren mit dazu bei, die Gerüchteküche noch weiter anzuheizen. Vereinzelt lassen sich sogar destruktive Verhaltensweisen, die teilweise in bewussten Sabotageaktivitäten gipfeln können, als Antwort des Managements auf Mergers finden.

Das Integrationsmanagement muss insbesondere den Widerstand auf der Ebene des Top-Managements fürchten

Mehr als die Hälfte der Integrationen (52 Prozent) sind auf mindestens moderatem Ausprägungsniveau mit Willensbarrieren des Top-Managements konfrontiert; rund jede zehnte Integration (11 Prozent) ist sogar durch Willensbarrieren des Top-Managements auf sehr hohem Ausprägungsniveau gekennzeichnet. Im Gegensatz dazu zeigen weniger als ein Drittel der Integrationen (29 Prozent) Willensbarrieren des operativen Managements auf moderatem oder höherem Niveau. In keiner der untersuchten Integrationen treten Willensbarrieren des Middle-Managements auf sehr hohem Ausprägungsniveau auf.

So paradox es klingen mag: Das Top-Management steht also in der Regel der Integration viel ablehnender gegenüber als das Middle-Management. Die Widerstände auf Seiten des Top-Managements haben ihre Ursache vielfach in den durch die Fusion ausgelösten Positionskämpfen. Es gilt, den eigenen Claim im zukünftigen Unternehmen abzustecken und zu sichern. Macht und Machterhalt spielen hierbei eine zentrale Rolle. Vielfach fällt die Akzeptanz einer gleichberechtigten Partnerschaft schwer. Meist ist dies auch nicht gewollt, da der Glaube vorherrscht, für eine erfolgreiche Fusion sei es notwendig, dass einer der Fusionspartner den Ton und die Richtung der Fusion angibt.

Die Angst vor einer solch untergeordneten Rolle spiegeln folgende Zitate deutscher Top-Manager wider:

„Die Rolle des Juniorpartners in einem Merger ist uns nicht genug."

Klaus Schubert,
*Vorstandsvorsitzender der **MAN Nutzfahrzeuge AG***

(Quelle: Wirtschaftswoche vom 25.05.2000)

*„Ich will nicht **Opel** von **General Motors** werden, sondern **Daimler** von **Chrysler**."*

Ron Sommer,
*Vorstandsvorsitzender der **Deutschen Telekom AG***

(Quelle: Wirtschaftswoche vom 22.04.2000)

*„Die **Software AG** will lieber fressen als gefressen werden."*

Erwin Königs,
*Vorstandsvorsitzender der **Software AG***

(Quelle: Frankfurter allgemeine Zeitung vom 23.05.2001)

Der im Machtkampf unterlegene Partner wird dies nur in den seltensten Fällen widerspruchslos akzeptieren. Meist ist dies auch ein zentraler Grund, sich dem Merger gegenüber abwehrend zu verhalten. Man will die Integration nicht: Die Nicht-Wollen Barriere auf einer Seite des Mergers ist damit zementiert und muss mit integrativen Maßnahmen überwunden werden.

Inkompatible Management-Informations-Systeme blockieren häufiger als Willensbarrieren den Integrationsprozess

Bei den analysierten Integrationen zeigt sich, dass mehr als jede zweite Integration (58 Prozent) erhebliche Probleme bei der Verzahnung der Management-Informations-Systeme aufweist. Damit sind EDV-Probleme im Regelfall höher einzuschätzen als Willensbarrieren des Top-Managements.

Eine wesentliche Ursache für Nicht-Können Barrieren liegt also bei den eingesetzten Management-Informations-Systemen (MIS). Insbesondere die Ausgestaltung der unterschiedlichen MIS kann das Fortschreiten von Integrationen massiv behindern. Hemmende Effekte der MIS können dabei sowohl informationsseitiger – also inhaltlicher – als auch systemseitiger Natur sein.

Inhaltliche Unterschiede, wie z. B. unterschiedliche Verfahren der Kosten- und Erfolgsrechnung oder aber verschiedene Aggregationsebenen des Reportings, können die Vergleichbarkeit von integrationsrelevanten Informationen massiv einschränken. Sie erschweren damit insbesondere die Erstellung von pro-forma financials. Darüber hinaus können in zahlreichen Fällen Informationen, die für die zielgerichtete Planung und Steuerung von Integrationen erforderlich sind, über die jeweiligen MIS nur ansatzweise, teilweise sogar gar nicht ermittelt werden. So stellt z. B. bereits die Aufstellung einer aktuellen Mitarbeiterdatenbank eine Vielzahl von Unternehmen vor große Schwierigkeiten. Vielfach werden aufgrund inhaltlicher Schwächen der MIS zusätzliche, händische Abfragen und zeitraubende Sonderauswertungen notwendig. Unterbleiben diese zusätzlichen Arbeitsschritte, so muss das Management die Integration gewissermaßen blind fliegen.

Neben inhaltsbezogenen Merkmalen können integrationshemmende Wirkungen ebenfalls von der systemseitigen Abbildung der MIS ausgehen. Nicht zuletzt systemseitige Inkompatibilitäten in der Hardware, System- bzw. Anwendungssoftware sowie Datenbank- und Netzwerksystemen verhindern das erfolgreiche Fortschreiten von Post Merger Integrationen – oder erschweren dies zumindest. Beides resultiert in einer Verzögerung des Integrationsprozesses und kann letztendlich auch zum Scheitern der Integration führen.

Mangelndes Können hindert motivierte Mitarbeiter vielfach daran, Integrationen aktiv zu unterstützen

40 Prozent aller Integrationen werden auf mindestens moderatem Ausprägungsniveau durch mangelnde Fähigkeiten der Mitarbeiter bei der Bearbeitung integrationsspezifischer Aufgabenstellungen behindert.

Integrationsspezifische Fähigkeitsbarrieren resultieren in erster Linie aus der enormen Komplexität der Integrationsaufgaben. So haben Mitarbeiter häufig Schwierigkeiten damit, Wertschöpfungsketten bzw. Geschäftsprozesse zu beschreiben und gemäß des strategischen Imperativs neu zu gestalten. Doch dieser Arbeitsschritt ist im Regelfall für eine erfolgreiche Integration unerlässlich.

Darüber hinaus weist jedes dritte Unternehmen auf mindestens moderatem Niveau Schwierigkeiten bei der Bewältigung fachspezifischer Aufgabenstellungen infolge der Post Merger Integration auf. Ein Defizit an fachspezifischen Fähigkeiten kann z. B. durch neue Arbeitsabläufe oder neue marktseitige Anforderungen verursacht werden. Sollen z. B. die Produkte des Erwerbers im Sinne eines Cross-Selling über die Vertriebsorganisation des erworbenen Unternehmens in den Markt gebracht werden, sind in der Regel umfangreiche Produkt- und Vertriebsschulungen erforderlich. Unterbleiben unterstützende Maßnahmen, so können fehlende Fachkenntnisse dazu führen, dass die angestrebten Synergien unrealisiert bleiben. Ähnlich kann auch ein von dem Erwerber übergestülptes EDV-System Mitarbeiter im operativen Tagesgeschäft vor ungeahnte Schwierigkeiten stellen.

Nicht-Können ist für den Integrationserfolg schädlicher als Nicht-Wollen

Die Nicht-Können Barrieren weisen einen um 60 Prozent höheren negativen Erfolgseinfluss auf als die Nicht-Wollen Barrieren. Selbst bei ausreichender Motivation der Führungsmannschaft können fehlende Fähigkeiten auf Seiten der Mitarbeiter bzw. administrative Hemmnisse die erfolgreiche Durchführung von Integrationen beeinträchtigen oder sogar ganz verhindern.

Wie die Ergebnisse unserer Studie belegen, sind in einer Vielzahl der Fälle nicht Widerstände auf der Ebene des Managements, sondern z. B. inkompatible EDV-Systeme für das Scheitern von Integrationen verantwortlich. Obwohl ebenso fehlendes Wollen auf Seiten der Mitarbeiter Integrationen massiv behindern kann, ist deren Erfolgswirkung im Vergleich zu mangelndem Können letztendlich nur halb so stark. Das Wollen eines hoch motivierten Top-Management Teams findet damit im Können der Mitarbeiter seine Grenzen. Unsere Befunde sind eindeutig: Wer versucht, eine Integration von oben durchzudrücken, wird scheitern.

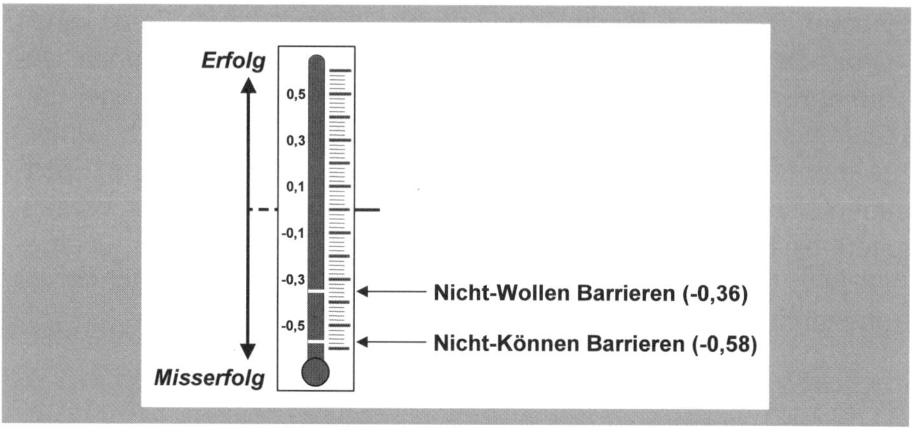

Abb. 14: Integrationsbarrieren und ihr Einfluss auf den Integrationserfolg

Demnach werden die Mitarbeiter als Träger des größten Integrationswiderstandes deutlich überschätzt. Die Ansicht, Mitarbeiter stellten aufgrund des Nicht-Wollens der Integration die größte Integrationsbarriere dar, greift zu kurz. Sicherlich ist ihr Widerstand nicht unerheblich. Entscheidend sind jedoch Probleme, die aus mangelndem Können resultieren. Hier muss das Management in erster Linie ansetzen, will es die Integration erfolgreich vorantreiben. Es kann folglich nur davor gewarnt werden, durch eine zu starke Fokussierung der Integrationsaktivitäten auf die Überwindung der Nicht-Wollen Barriere bei den Mitarbeitern, die offenkundigen Fähigkeitsdefizite zu unterschätzen bzw. sogar zu ignorieren. Es sei noch einmal betont, dass es insbesondere das operative Management ist, das sich durch vergleichsweise geringe Integrationserfahrung auszeichnet. Entsprechend gering wird somit auch das Integrations-Know-how sein. Bei den Aktivitäten des Integrationsmanagements dürfen damit Maßnahmen zur Überwindung der Nicht-Können Barrieren nicht hinter solchen zum Meistern der Nicht-Wollen-Barrieren zurückstehen.

Wie die Ergebnisse unserer Studie jedoch auch belegen, können Widerstände auf Seiten des Managements selbst bei ausreichendem Können die Erfolgsaussichten von Integrationen massiv verschlechtern. Für eine erfolgreiche Post Merger Integration ist daher sowohl das erforderliche Wollen als auch das notwendige Können eine unabdingbare Grundvoraussetzung.

FALSCH: **„Mitarbeiterwiderstände bilden die größte Integrationsbarriere!"**

RICHTIG: **Mangelnde Fähigkeiten und unzureichendes Know-how sind die größten Integrationsbarrieren. Vor allem inkompatible EDV-Systeme sind dabei oftmals eine grössere Herausforderung für eine erfolgreiche Integration als mangelndes Wollen!**

„Weiche Maßnahmen sind wichtiger als harte Maßnahmen!“

Nicht zuletzt das Buch „In Search of Excellence“ von Peters und Waterman hat dazu geführt, dass die so genannten weichen Faktoren in der Unternehmenspraxis auf vermehrte Beachtung stoßen. Entsprechend findet sich eine besondere Betonung sogenannter weicher Faktoren auch im Zusammenhang mit dem Integrationsmanagement, wobei immer der Faktor Mensch im Mittelpunkt steht. Verfechter dieses Erfolgsrezeptes argumentieren, dass harte Faktoren, wie z. B. die Verzahnung von Führungsstrukturen oder aber operativen Geschäftsprozessen zwar nicht unwichtig sind, doch der letztendliche Erfolg von Integrationen hänge davon ab, ob es gelingt, die Mitarbeiter unter dem Dach einer Kultur zu vereinigen.

Das vielfach verwendete Gegensatzpaar harte und weiche Faktoren steht dabei für zwei Typen von Maßnahmenbündeln mit einer Vielzahl von Einzelschritten, die im Rahmen des Integrationsprozesses zu absolvieren sind. Diese Maßnahmenbündel orientieren sich entweder an der Sache oder an den Personen der Integration. Zu den harten Faktoren des Integrationsmanagements gehören dabei z. B. die folgenden Aufgaben:

- Verzahnung der Führungssysteme und -strukturen,
- Stabilisierung der operativen Geschäftstätigkeit,
- Verzahnung der Planungs- und Reportingprozesse,
- Harmonisierung der operativen Geschäftsprozesse und
- Verzahnung der EDV-Systeme.

Die weichen Faktoren setzen hingegen bei den betroffenen Mitarbeitern an. Hier werden vor allem genannt:

- Erarbeitung einer gemeinsamen Vision und Unternehmenskultur für das neue Unternehmen,
- Ausrichtung des Mitarbeiterverhaltens an den neuen Unternehmensleitlinien,
- Kommunikationsmaßnahmen zur Information der betroffenen Mitarbeiter und
- Trainingsprogramme zur Stressbewältigung sowie Teamkonfrontations- und Problemlösungssitzungen.

Vertreter dieses vermeintlichen Erfolgsrezeptes argumentieren häufig, die Bedeutung weicher Maßnahmen ergebe sich insbesondere daraus, dass weiche Faktoren sehr viel schwerer greif- und damit gestaltbar seien als harte Faktoren.

Entsprechend kann sich der Erfolg der Integration nur über den richtigen Einsatz dieser schwierig einzusetzenden weichen Integrationsmaßnahmen einstellen. Daher wird unterstellt, dass diese weichen Maßnahmen wichtiger für den Integrationserfolg sind als die harten.

Eine Perspektive, die sich insbesondere auch unter deutschen Top-Managern finden lässt:

„Kulturen zusammenzubringen ist eine der schwierigsten Aufgaben."

Manfred Bischoff,
Vorstandsvorsitzender der ***DASA AG:***

(Quelle: Wirtschaftswoche vom 14.01.1999)

„Ich habe vor einem Jahr bereits auf die Frage, wie diese Fusion funktionieren wird, gesagt: Ich sehe die kulturellen Probleme. Die mussten, wie unsere eigenen Erfahrungen mit ***Seat*** *zeigten, einfach kommen. Das ist nicht die Schuld des übernommenen Unternehmens oder des übernehmenden Konzerns, sondern in der Regel machen beide Partner Fehler, und unter dem Strich kommt oftmals das Schlechtestmögliche heraus."*

Ferdinand Piech,
Vorstandsvorsitzender der ***Volkswagen AG:***

(Quelle: www.spiegel.de/wirtschaft/unternehmen/ 0.1518. 108244.00.html; Aufruf vom 08.01.2001)

„Schrempp ist ein Macher, der sich eher an Hard Facts wie Fundamentaldaten und Strategien orientiert als an Soft Tools wie Führungsphilosophien oder interkulturellem Austausch. Diese weichen Faktoren machen aber einen beträchtlichen Teil unseres Zusammenwirkens mit ***Chrysler*** *aus."*

Manfred Göbels,
Vorsitzender des Konzernsprecherausschusses der
DaimlerChrysler AG

(Quelle: Wirtschaftswoche vom 30.11.2000)

Harte Integrationsmaßnahmen werden überdurchschnittlich häufig ergriffen

Den Bekenntnissen zur Bedeutung von weichen Maßnahmen zum Trotz werden harte Integrationsmaßnahmen überdurchschnittlich häufig ergriffen. An der Spitze stehen dabei Maßnahmen zur strukturellen Verzahnung der Führungsorganisation, auf die 98 Prozent der untersuchten Integrationen mehr oder minder intensiv zurückgreifen.

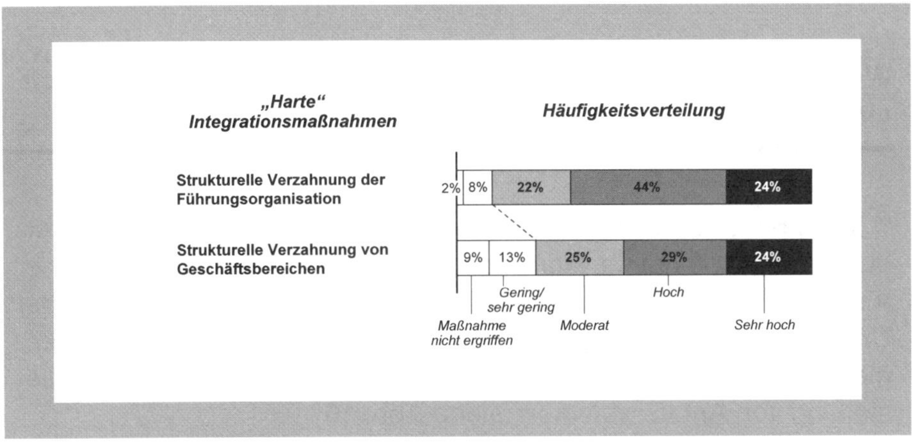

Abb. 15: Eingesetzte harte Integrationsmaßnahmen

Die Analyse sämtlicher im Rahmen des Integrationsmanagements eingesetzter Maßnahmen zeigt, dass harte Maßnahmen klar im Zentrum der Aktivitäten stehen. Die stärksten Anstrengungen werden von den Integrationsmanagern bei der Verzahnung der Führungsorganisation und der strukturellen Integration der operativen Bereiche ergriffen. Hier gilt es, organisatorische Einheiten zu schaffen sowie die neuen Entscheidungs- und Weisungsbefugnisse festzulegen. Diese Maßnahmen zur primär strukturellen Verzahnung zielen auf die Schaffung des organisatorischen Gerüstes – also der Hierarchie – ab, in dessen Rahmen Koordination über persönliche Weisungen top down erfolgen können.

Während Maßnahmen zur strukturellen Verzahnung der Führungsorganisation auf die Definition der Schnittstelle zwischen Unternehmensleitung und operativen Unternehmenseinheiten gerichtet sind, zielen Maßnahmen zur strukturellen Verzahnung von Geschäftsbereichen auf die organisatorische Gestaltung der operativen Geschäftseinheiten an sich. Fragestellungen hinsichtlich der Verzahnung operativer Geschäftsabläufe, wie z. B. Prozesse der Markterschließung oder aber der Auftragsabwicklung, bilden den Schwerpunkt im Rahmen der strukturellen Verzahnung von Geschäftsbereichen.

Weiche Maßnahmen werden noch immer unterdurchschnittlich eingesetzt

Weiche Integrationsmaßnahmen hingegen werden nur unterdurchschnittlich häufig ergriffen. So besitzen die Erarbeitung einer Vision oder von Unternehmensleitlinien nur bei einem Drittel der Unternehmen nennenswerte Bedeutung. 51 Prozent der Unternehmen ergreifen keine Maßnahmen zur integrationsfördernden Gestaltung von Anreizsystemen (siehe Abb. 16).

Im Gegensatz zu den strukturellen Faktoren der Verzahnung der Unternehmen, wird den personalen Aspekten der Integration – also den weichen Integrationsmaßnahmen – deutlich geringere Aufmerksamkeit geschenkt. So werden bei keiner der untersuchten Integrationen in hohem Maße Maßnahmen zur Erarbeitung einer Vision oder eines Unternehmensleitbildes ergriffen.

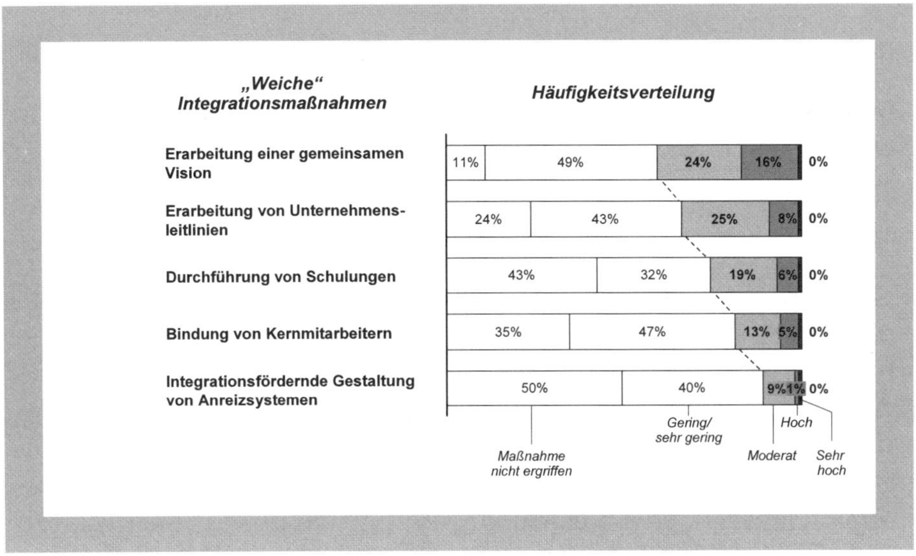

Abb. 16: Eingesetzte „weiche“ Integrationsmaßnahmen

Bereits bei den weiter oben vorgestellten Studienergebnissen wurde gezeigt, dass die in hohem Maße anzutreffenden Barrieren des Nicht-Könnens und des Nicht-Wollens den Integrationserfolg massiv beeinträchtigen. Vor dem Hintergrund dieser Ergebnisse ist es äußerst bedenklich, dass bei 75 Prozent der Integrationsfälle Schulungsaktivitäten so gut wie nicht ergriffen werden und in 90 Prozent fast keine integrationsfördernden Anreizsysteme entwickelt werden.

Für viele Unternehmen bedeutet Integrationsmanagement also in erster Linie die Verzahnung der hierarchischen Führungsstrukturen. Die Integration der Mitarbeiter und damit der Leistungspotenziale der Mitarbeiter hingegen scheint nicht die vordringliche Aufgabe des Integrationsmanagements zu sein.

Maßnahmen zur Verzahnung operativer Geschäftstätigkeiten weisen den stärksten positiven Erfolgsbeitrag auf

Der stärkste positive Erfolgseinfluss geht von der operativen Verzahnung der Geschäftsaktivitäten aus, also einer harten Integrationsmaßnahme. Maßnahmen dieser Art sind unverzichtbar für die Realisierung der angestrebten Integrationssynergien. Ohne sie wächst die Gefahr, dass dysfunktionale Effekte z. B. aufgrund ungeregelter Zuständigkeiten, nicht definierter Schnittstellen oder ineffizient gestalteter bereichsübergreifender Prozesse den Integrationserfolg massiv beeinträchtigen. Maßnahmen, die sich diesen Aufgaben widmen, werden zwar von den Unternehmen überdurchschnittlich häufig eingesetzt. Dass trotzdem ein hoher Prozentsatz

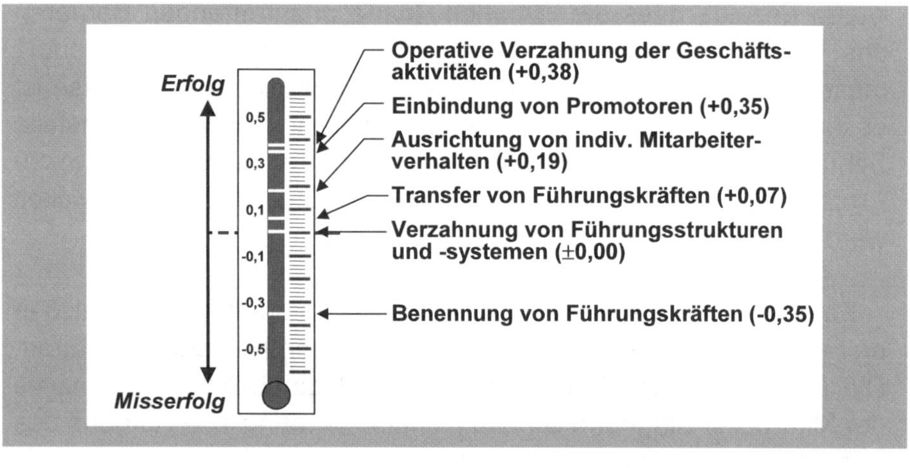

Abb. 17: Erfolgseinfluss ausgewählter Integrationsmaßnahmen

der Integrationen scheitert, ist darauf zurückzuführen, dass die operative Verzahnung der Geschäftsbereiche nur unzureichend vonstatten geht. Mangelndes Können ist dabei die zentrale Ursache. Denn viele Unternehmen schöpfen die positive Erfolgswirkung der operativen Verzahnung von Geschäftsaktivitäten aufgrund von fehlendem Können vielfach nur unzureichend aus. Dies wird besonders deutlich, wenn man sich die Einzelmaßnahmen anschaut, die in diesem Zusammenhang erforderlich sind. Es sind dies z. B. die Verzahnung von EDV-Systemen, die strukturelle Verzahnung von Geschäftsbereichen, die Zusammenlegung von Abteilungen oder die Strukturierung der Führungskräfte-Interaktion insbesondere auf der mittleren Führungsebene. Eine Post Merger Integration kann erst als erfolgreich gewertet werden, wenn es das Integrationsmanagement durch den Einsatz dieser Maßnahmen geschafft hat, das Tagesgeschäft auf der operativen Ebene tragfähig und leistungsstark zu verzahnen. Die operative Verzahnung des Tagesgeschäfts stellt somit die Nagelprobe für das Management jeder Integration dar. Ist das Integrationsmanagement an dieser Stelle nicht erfolgreich, so bleibt die Integration zwangsläufig hinter den Erwartungen zurück.

Promotoren der Integration spielen gleichbedeutend eine herausragende Rolle

Der Erfolgseinfluss der Einbindung von Promotoren ist ähnlich hoch, wie der der harten Verzahnung der operativen Geschäftstätigkeiten. Der positive Erfolgseffekt von Promotoren basiert vor allem in der wirkungsvollen Überwindung der Integrationsbarrieren. Dies erfolgt insbesondere durch ihr vorbehaltloses Engagement für die Integration. Mit ihrer Person und Funktion stehen sie im Unternehmen für die Integration. Sie stehen bereit, wenn es gilt, Defizite im Integrationsprozess zu beseitigen.

Durch den Einsatz von Promotoren kann das Management damit insbesondere solche Integrationsbarrieren wirkungsvoll bekämpfen, die in den mangelnden Fähigkeiten der Mitarbeiter oder aber organisatorischen Merkmalen der Unternehmen begründet liegen. Obwohl das Management durch die Einbindung von Promotoren auch fehlendes Wollen ausgleichen kann, ist der Hebel hierbei allerdings deutlich kürzer.

Die Einbindung von Promotoren in den Integrationsprozess ist eng mit der Frage des Projektmanagements verbunden. Bevor die verschiedenen Integrationsaufgaben in Angriff genommen werden können, ist zunächst ein leistungsstarkes Projektmanagement zu institutionalisieren. Das Projektmanagement muss nicht nur sicherstellen, dass relevante Integrationsaufgaben adressiert und wesentliche Meilensteine zeitgerecht erreicht werden; vielmehr muss auch gewährleistet werden, dass die richtigen Personen an Bord sind. Dabei muss das Top-Management vor der Bewältigung der eigentlichen Integrationsaufgaben beginnen, Promotoren für die Integration zu gewinnen und soweit möglich im Rahmen des Projektmanagements organisatorisch verankern. Auswahl und Einbindung von Promotoren sind nicht zuletzt deshalb enorm bedeutsam, da sich Integrationsbarrieren nur durch die Einbindung der richtigen Personen wirksam aus dem Wege räumen lassen. Es muss also gelingen, Personen aktiv in das Integrations-Projektmanagement einzubinden,

- die sich überdurchschnittlich stark für die Integration engagieren,
- die über hinreichend hierarchisches Potenzial verfügen, damit im Zweifelsfall die Umsetzung von Entscheidungen durchgesetzt werden kann und
- die über das notwendige Wissen zur Lösung integrationsspezifischer Problemfelder verfügen.

Dabei ist es durchaus von Vorteil, wenn sich diese Kompetenzen nicht nur in einer Person bündeln, sondern auf mehrere Personen verteilt sind. Integrationsprozesse weisen eine derartige Komplexität auf, dass eine Person allein überfordert wäre, würde man ihr zumuten als Promotor den Integrationsprozess über die vielfältigen Integrationsbarrieren zu hieven. Wohl koordinierte Arbeitsteilung zwischen den Promotoren der Integration ist mit Sicherheit der bessere Weg.

Maßnahmen zur Ausrichtung des individuellen Mitarbeiterverhaltens sind entscheidend für den Integrationserfolg

Die Ausrichtung des individuellen Mitarbeiterverhaltens umfasst weiche Maßnahmen wie etwa die Schulung von Mitarbeitern oder die integrationsfördernde Gestaltung von Anreizsystemen ebenso wie die Aktivitäten zur Erarbeitung gemeinsamer Visionen und Unternehmensleitbilder.

Doch genau diese Instrumente werden vergleichsweise selten ergriffen. Vor dem Hintergrund der hohen Bedeutung der Nicht-Können und Nicht-Wollen Barrieren für den Integrationserfolg zeigt sich darin eine entscheidende Ursache. Spiegelt man diese Ergebnisse ferner an den Ergebnissen der Führungskräftebefragung, so kommt man nicht umhin, in diesem Zusammenhang von einem bloßen Lippenbekenntnis zu sprechen – obschon fast jede zweite Führungskraft weiche Faktoren als wichtiger für den Integrationserfolg einstuft als harte. Doch konsequent gehandelt wird nur selten: weiche Faktoren werden in der Regel vernachlässigt.

Weiche Integrationsmaßnahmen können die Erfolgschancen handfest verringern

Wie die Ergebnisse im Hinblick auf Maßnahmen zur Benennung von Führungskräften verdeutlichen, können weiche Integrationsmaßnahmen die Erfolgschancen von Post Merger Integrationen aber auch handfest verringern. Der eindeutig negative Erfolgseinfluss lässt sich vor allem darauf zurückführen, dass die Benennung des neuen Management-Teams und der neuen Mannschaft oftmals nicht ohne Härten abgeht. Vielfach ist das Integrationsmanagement dazu gezwungen, unpopuläre Personalentscheidungen umzusetzen – mitunter auch gegen die eigene Mannschaft. Maßnahmen der Personalanpassung und der Personalfreisetzung haben teilweise massive Mitarbeiterwiderstände zur Folge. Nicht zuletzt die untemperierte Auswahl und Benennung der neuen Führungsmannschaft kann das Arbeitsklima auf Jahre hinaus vergiften und die Erfolgsaussichten von Post Merger Integrationen massiv beeinträchtigen.

Weiche wie harte Integrationsmaßnahmen sind zentrale Erfolgshebel des Integrationsmanagements

Von der langen Liste der untersuchten weichen und harten Integrationsmaßnahmen finden sich aus jeder Kategorie Maßnahmenbündel, die im positiven Sinne für den Integrationserfolg verantwortlich sind. Der Dominanz einer einzelnen Kategorie von Maßnahmenbündeln als Erfolgsgarant – weiche Faktoren sind wichtiger als harte Faktoren bzw. umgekehrt harte Faktoren sind wichtiger als weiche Faktoren – ist damit klar zu widersprechen. Der Integrationserfolg stellt sich nur dann ein, wenn sowohl harte als auch weiche Maßnahmen ergriffen werden. Wer mit Fusionen und Akquisitionen erfolgreich sein will, darf sich nicht nur auf harte Maßnahmen beschränken. So beherrschen erfolgreiche Integrationsmanager die komplette Klaviatur weicher und harter Integrationsfaktoren.

Noch eine Warnung am Rande: Geht man davon aus, dass die treibenden Personen einer Integration in der Regel in den Vorständen und Aufsichtsräten der beteiligten Unternehmen zu suchen sind, so ist es auch nicht verwunderlich, dass mit dem selben Elan, mit dem die Fusion oder Übernahme vorangetrieben wird, auch die Integration der Führungsspitze betrieben wird. Ist man jedoch nach entsprechend getaner Arbeit der Meinung, die wesentlichen Entscheidungen der Integration wären getroffen, so läuft man Gefahr, die entscheidenden Faktoren der Integration nicht zu beachten. Am Ende dieser Entwicklung steht höchstwahrscheinlich das Scheitern der Integration.

Vergleicht man die Erfolgswirkungen der Einzelmaßnahmen des Integrationsmanagements mit der Häufigkeit ihres Einsatzes im Integrationsprozess, so zeigt sich, dass es genau diejenigen Instrumente sind, die den größten Erfolgseinfluss besitzen, die nur teilweise vom Management eingesetzt werden. Erfolgsversprechend sind vor allem Maßnahmen, die jenseits der Verzahnung der Unternehmensspitzen liegen.

FALSCH: **„Weiche Maßnahmen sind wichtiger als harte Maßnahmen!“**

RICHTIG: **Harte Maßnahmen sind genauso wichtig für den Integrationserfolg wie weiche Maßnahmen. Allerdings: während harten Massnahmen eine große Beachtung geschenkt wird, handelt es sich bei weichen Maßnahmen im Regelfall um reine Lippenbekenntnisse des Managements; weiche Maßnahmen werden vielfach nur ansatzweise oder gar nicht ergriffen!**

Teil III:

Integration Excellence – Was Spitzenunternehmen nicht nur anders, sondern auch besser machen

Kernaufgaben der Integration Excellence

Jede Integration ist anders – oder?

Integrationen finden unter spezifischen Rahmenbedingungen und wechselnden Vorzeichen statt. Dies ist sicherlich richtig, allerdings: so unterschiedlich jede Integration für sich genommen auch sein mag, beim Vergleich von mehr als 120 Integrationen weltweit wurde uns schnell klar, dass fünf wichtige Kernaufgaben nahezu immer die gleichen sind:

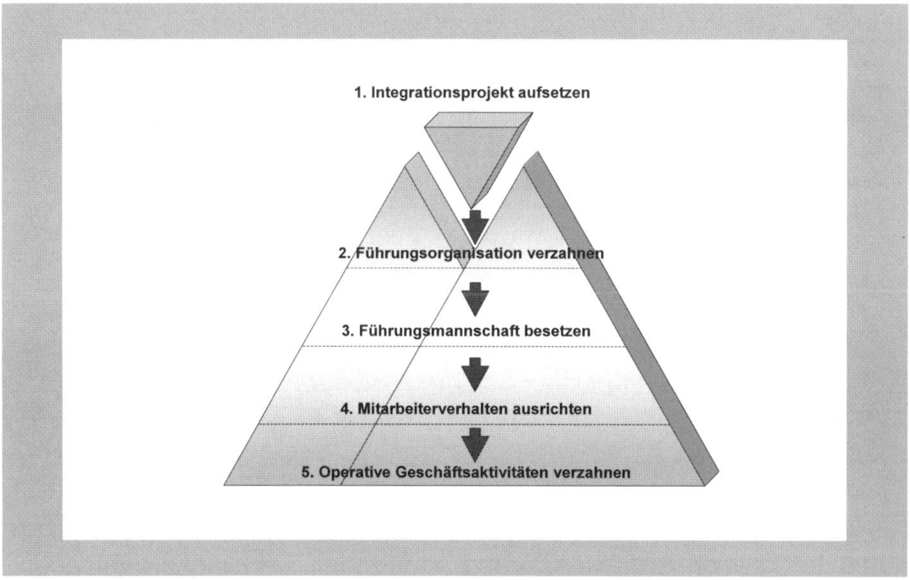

Abb. 18: Fünf Schritte für Integration Excellence

Methodik zur Identifizierung der fünf Kernherausforderungen des Integrationsmanagements

Wirtschaftspresse, akademische Veröffentlichungen und Handbücher quellen über vor vermeintlichen Herausforderungen und scheinbaren Erfolgsrezepten für die richtige Post Merger Integration. Eines allerdings fehlt den meisten: die empirische Ableitung der Handlungsempfehlungen. Mit anderen Worten: Viele dieser Handlungsempfehlungen basieren ausschließlich auf Plausibilitätsüberlegungen oder aber auf Einzelfallbetrachtungen, und die abgeleiteten Handlungsempfehlungen sind empirisch nicht abgesichert. Damit werden sie zu Glaubensbekenntnissen im wahrsten Sinne des Wortes: Man kann ihnen glauben, oder es aber auch bleiben lassen.

Wir wollten es genauer wissen und legten daher wissenschaftliche Kriterien und Vorgehensweisen an. Zur Ableitung der Kernherausforderungen des Integrationsmanagements verdichteten wir insgesamt 18 Integrationsmaßnahmen faktorenanalytisch. Dies bedeutet: nach Maßgabe statistisch abgesicherter Verfahren haben wir solche Integrationsmaßnahmen zusammengefasst, die eine hohe Korrelation untereinander aufweisen; Maßnahmen also, die das Integrationsmanagement ganzheitlich umsetzt. Dieses statistische Bündeln stellt grundsätzlich hohe Anforderungen an das zugrundeliegende Datenmaterial. So muss z. B. die Anzahl der in der Stichprobe untersuchten Unternehmen mindestens der Anzahl der analysierten Variablen entsprechen. Eine Anforderung, die wir aufgrund einer Stichprobe von mehr als 120 Unternehmen umfassend erfüllen konnten. Durch das Zusammenfassen der Maßnahmen in Bündeln gelang es uns, fünf Kernherausforderungen jedes Integrationsmanagements herauszufiltern – und zwar empirisch abgesichert.

Nur die erfolgreiche Umsetzung der einzelnen Schritte: Aufsetzen des Integrationsprojektes, Verzahnung der Führungsorganisation, Besetzung der Führungsmannschaft, Ausrichten des Mitarbeiterverhaltens sowie Verzahnung der operativen Geschäftsaktivitäten führt zur Integration Excellence. Dabei gilt es die einzelnen Teilschritte der Integration Excellence so aufeinander abzustimmen, dass nach dem Umbau der einzelnen Organisationen eine schlagkräftige Gesamtorganisation entsteht und nicht zwei gegeneinander arbeitende Teilorganisationen.

1. Schritt: Integrationsprojekt aufsetzen

Die Herausforderungen, die beim Aufsetzen des Integrationsprojekts anstehen, illustriert der Masterplan des Integrationsmanagements des Schweizerischen Kreditinstituts der **UBS AG**:

„Der sogenannte Masterplan strukturierte das komplexe Großprojekt zeitlich und inhaltlich und definierte damit den verbindlichen Gesamtrahmen. 5 Meilensteine kennzeichneten den Integrationsprozess in der Schweiz:

- *Juristische Fusion,*
- *Einheitlicher Marktauftritt,*
- *Pilot der Kundenmigration,*
- *Start der Kundenmigration,*
- *Abschluss der Kundenmigration.*

Inhaltlich galt es während dieser Zeit, 4 Kernprozesse zu gestalten und abzuwickeln:

- *Organisatorische Integration*
- *Zusammenführung von Brand und Marktauftritt*
- *Technische und Operationelle Kundenmigration sowie*
- *Redesign der Distributionskanäle*

Jeder dieser Kernprozesse war wiederum in einzelne Arbeitsschritte unterteilt, die sach- und zeitgerecht vollzogen sein mussten.“

H.-J. Steinbock,
Leiter des Integration Office des Unternehmensbereiches
Privat- und Firmenkunden der UBS AG

(Quelle: Steinbock, H. J., Management in Zeiten der Diskontinuität - Postmerger-Management in der UBS AG, in: zeitschrift führung + organisation 69 (2000), S. 37 - 40, hier: S. 37 f.)

Alleine die Zahlen sind beeindruckend: Die Integration von zwei Unternehmen entlang der gesamten Wertschöpfungskette hat rund 2.000 größere Veränderungen zur Folge und macht bis zu 10.000 Nicht-Routine Entscheidungen erforderlich; also Entscheidungen bei denen das Management typischerweise nur geringe oder aber auch gar keine Erfahrungswerte besitzt. Diese Größenordnungen verdeutlichen eindrucksvoll, dass es sich bei Integrationen um hochkomplexe Aufgabenstellungen handelt, die im sonstigen Manageralltag ihresgleichen suchen. Integrationen können damit nicht im Rahmen einer bestehenden Linienorganisation mal so neben her erledigt werden. Erfolgreiches Integrationsmanagement muss in eine leistungsstarke Projektstruktur eingebettet werden. Und zwar gilt dies weitestgehend unabhängig von der jeweiligen Größe der Unternehmen, die zusammengehen wollen. Es ist einigermaßen gleichgültig, ob große oder kleine Unternehmen zusammengehen; das Ausmaß der Aufgaben, die im Rahmen einer Integration zu bewältigen sind, bleibt nahezu gleich.

Ein Rechenbeispiel: Unterstellt man die Integration von zwei Unternehmen entlang der gesamten Wertschöpfungskette, so benötigt das Integrationsmanagement im einfachsten Fall – also bei Unternehmen mit nur einem Geschäftsbereich – jeweils ein Team pro funktionalem Bereich (also z. B. Forschung & Entwicklung, Beschaffung, Produktion, Logistik, Marketing, Vertrieb) sowie pro Querschnittsfunktion (also z. B. Personalwesen, Controlling, Rechnungswesen, Recht). Ergänzt man diese Projektorganisation gedanklich noch um ein Kommunikations-Team sowie um das Programm Büro, wird deutlich, dass zwischen 12 und 15 Teams mit jeweils mindestens zwei bis drei Mitarbeitern von jedem Unternehmen involviert sind – also insgesamt mindestens 50 bis 90 Mitarbeiter. Doch auch diese Zahl ist nicht mehr als ein grober Richtwert, der durch weitere geschäftsspezifische Themenstellungen schnell nach oben überschritten wird. Doch gerade kleine und mittelständischen Unternehmen fehlen für die Vielzahl der Aufgaben die ausreichenden Ressourcen. Eine Gefahr, die im Zeitalter von Lean Management zunehmend auch große Unternehmen trifft.

2. Schritt: Führungsorganisation verzahnen

Die große Herausforderung bei der Verzahnung der Führungsorganisation illustriert das Negativbeispiel **BMW** und **Rover**:

„Ich möchte an dieser Stelle aber auch nicht verhehlen, dass nach der Übernahme der Rover Group im Jahr 1994 Fehler gemacht worden sind. (...): Die Konzernführungsstrategie wurde zu spät geändert. Das Prinzip ‚BMW führt BMW' und ‚Rover führt Rover' eignete sich nicht, Synergien frühzeitig zu nutzen und die verschiedenen Markenwelten effizient unter einem Dach zusammenzuführen."

Joachim Milberg,
ehemaliger Vorstandsvorsitzender der BMW AG

(Quelle: Auszug aus der Rede auf der Hauptversammlung der BMW AG am 16.05.2000)

Integration beginnt im und am Kopf. Das Integrationsmanagement steht vor der Herausforderung, eine leistungsfähige Governance-Struktur für das neue, gemeinsame Unternehmen zu schaffen. Dabei stellt sich regelmäßig die Frage nach der Aufgabenverteilung zwischen Führungsorganisation auf der einen und den operativen Geschäftsbereichen auf der anderen Seite. Konkret also, in welchem Ausmaß Entscheidungen in Zukunft zentral bzw. dezentral getroffen werden sollen. Und spätestens hier kommen die Synergieziele ins Spiel, die die strategische Begründung für die Fusion bzw. die Akquisition liefern. Hängt der erforderliche Verantwortungsspielraum der Unternehmenszentrale doch umfassend davon ab, welche Aktivitäten zur Umsetzung der angestrebten Synergieziele zentral durchgeführt werden müssen. Reicht es für die Zielumsetzung aus, dass die Unternehmenszentrale sich im Sinne einer

Holding auf die Zuweisung von Finanzmitteln und regelmäßiges Reporting beschränkt oder aber muss die Unternehmenszentrale stärker in das operative Geschäft eingreifen; d. h. müssen ausgewählte Aufgabenbereiche – zum Beispiel im Sinne eines Shared Service Konzepts – zentral auf Ebene der Führungsorganisation durchgeführt bzw. koordiniert werden? Die Rolle der Unternehmenszentrale, also die Aufgabenverteilung zwischen Führungsorganisation und operativen Einheiten, ist bei der Zusammenführung von Unternehmen regelmäßig zu hinterfragen.

Das Spezifische und damit auch das Knifflige an Integrationen ist jedoch, dass sie nicht unter Reinstraum-Bedingungen stattfinden. Daher setzen spezifische Rahmenbedingungen regelmäßig der Verzahnung der Führungsorganisationen Grenzen. Dies gilt auch im Hinblick auf die gegebenen Ressourcenbeschränkungen. So werden teilweise aufgrund der mangelnden Verfügbarkeit ausreichend qualifizierter Mitarbeiter Kompromisse unumgänglich – es macht eben wenig Sinn, einen Country Club in einer Reihenhaussiedlung zu bauen. Mit anderen Worten: die Qualifikation verfügbarer Ressourcen auf Ebene der zentralen und dezentralen Einheiten limitiert grundsätzlich den Spielraum des Integrationsmanagements bei der Neudefinition der Rollenverteilung zwischen Unternehmenszentrale und operativen Einheiten.

In ähnlicher Weise muss das Integrationsmanagement das Corporate Heritage – also das im Unternehmen angelagerte Wissen über die eigene Vergangenheit – bei der Neugestaltung der Führungsorganisation berücksichtigen. Dahinter steckt die konkrete Frage, was aufgrund der Unternehmensgeschichte und im Hinblick auf die daraus resultierende Unternehmenskultur machbar ist. Eine Führungsorganisation, die nicht im Einklang mit dem organisatorischen Selbstverständnis beider Unternehmen steht und lediglich auf die operativen Einheiten aufgepfropft wird, läuft Gefahr als Papiertiger zu enden – und damit ihre Daseinsberechtigung mittelfristig einzubüßen.

Wichtige Werthebel der Integration

Die Entscheidung, welche Rolle die neue Führungsorganisation wahrnehmen soll, hängt umfassend von der systematischen Identifikation wesentlicher Werthebel der Integration ab.

Economies of Scale and Scope
Diese Werthebel umfassen alle Synergiequellen, die sich daraus ergeben, dass das neue Unternehmen größer sowie produkt- bzw. marktseitig „breiter" aufgestellt ist. So können z. B. durch Spezialisierung und bessere Auslastung von Ressourcen Kosten gespart werden oder aber aufgrund komplementärer Produktlinien Cross-Selling Möglichkeiten ausgeschöpft werden. Allerdings: Kostensynergien aufgrund von Größeneffekten können sich nur dann ergeben, wenn beide Unternehmen vergleichbare Ressourcen mit ähnlichem Aufgabenschwerpunkt besitzen.

Ausschöpfen von Opportunitäten
Unter diese Kategorie fallen alle Synergiepotenziale, die dem neuen Unternehmen zu einer stärkeren Position gegenüber dem Wettbewerb verhelfen. So können sich aufgrund der Verschmelzung die Finanzkosten durch ein verbessertes Rating, einen besseren Zugang zu Finanzmärkten oder aber aufgrund von steuerlichen Gründen signifikant verbessern. Darüber hinaus kann durch die Akquisition die Basis dafür geschaffen werden, so genannte Intangible Assets, wie Know-how und Markennamen, über die gesamte Organisation wertsteigernd einzusetzen.

Restrukturierung von Unternehmens-Assets
Diese Kategorie von Wertquellen umfasst alle Möglichkeiten, den Wert der Unternehmens-Assets zu maximieren. Hierzu gehören z. B. Möglichkeiten der Veräußerung/Outsourcing von Unternehmensteilen. Oder aber es ergeben sich durch Akquisitionen „sale-and-lease-back" Möglichkeiten, die dem einzelnen Unternehmen etwa aufgrund unterkritischer Größe verschlossen sind. Zu dieser Kategorie von Werthebeln gehören aber auch so genannte Hidden Values wie überdimensionierte Pensionskassen. Hier können die überschüssigen Beträge in höher verzinsliche Anlageformen und Neuinvestitionen überführt werden.

3. Schritt: Führungsmannschaft besetzen

Das klassische Beispiel **ABB** illustriert die Herausforderungen an das Integrationsmanagement bei der Besetzung der Führungsmannschaft:

„Bei dem Portfolio der beiden Unternehmen gab es zwei Manager für jedes globale Geschäftsgebiet bzw. jedes Land. Das hat uns schon Kopfschmerzen bereitet, weil wir fürchteten, es könne vor Ort zu bösen Auseinandersetzungen kommen. Das Linienmanagement und die Personalabteilungen kümmerten sich um die Organisation. Beide Unternehmen führten endlose Vorstellungsgespräche. Dann diskutierten wir, wer welchen Posten erhalten sollte. Beide Seiten wussten ziemlich gut über die Kandidaten Bescheid, und es wurden nur wenige aussortiert. Wir hatten für fast alle Verwendung. Einige wurden später ersetzt. Zwar haben es nicht alle geschafft, aber jeder hatte eine Chance.

Bengt Skantze,
Senior Vice President, ABB

(Quelle: K. Barham/C. Heimer, ABB – Der tanzende Riese, Wiesbaden 1999, S. 100)

Sind die Aufgaben zwischen Unternehmenszentrale und operativen Einheiten geklärt und die erforderlichen Steuerungsinstrumente konzipiert, gilt es die Führungspositionen personell zu besetzen. Hierbei steht das Integrationsmanagement regelmäßig vor der Herausforderung einen kaskadenartigen Bewertungs- und Auswahlprozess zu gestalten und umzusetzen. Dabei werden zunächst die Positionen auf Ebene der Geschäftsleitung personell besetzt. Die Geschäftsführung des neuen Unternehmens benennt dann nach

Maßgabe der Aufgabenverteilung im Leitungsgremium die nächste Ebene, und so weiter. Allerdings ist dieser Prozess in der Regel nicht so einfach wie es auf den ersten Blick erscheinen mag. Denn die wenigsten Unternehmen besitzen bei der Auswahl und Benennung so vieler Führungskräften Erfahrungswerte. Vielmehr ist der Prozess an sich voller personalpolitischer Stolperfallen und Tretminen. Nur wenn es dem Integrationsmanagement gelingt, dass der Prozess und die angelegten Auswahlkriterien von der Organisation mindestens als fair betrachtet werden, wird auch das Ergebnis – also die personelle Besetzung der Führungspositionen – von der Organisation akzeptiert und mitgetragen. Die Gefahr, personalpolitische Schwelbrände zu legen, die auf Jahre hinaus kontinuierlichen Widerstand gegen die Integration organisatorisch verankern, ist dabei sehr groß.

Allerdings stellt nicht nur der Bewertungs- und Auswahlprozess das Integrationsmanagement regelmäßig vor große Schwierigkeiten; denn bereits die Ankündigung von Fusionen und Akquisitionen führt zu Verunsicherungen auf Seiten der Mitarbeiter. Nicht selten hat dies zur Folge, dass Leistungsträger sich mit Abwanderungsgedanken tragen. Hinzu kommt, dass Firmenzusammenschlüsse häufig Head Hunter und Wettbewerber des Unternehmens auf den Plan rufen. Sie wittern ihre Chance, Kernmitarbeiter proaktiv abzuwerben. Verlassen wesentliche Leistungsträger das neue Unternehmen so kann dies nicht nur faule Kompromisse bei der personellen Besetzung von Schlüsselpositionen erzwingen sondern auch zur Verunsicherung von Klienten und Shareholdern führen. Denn der Abgang von Kernmitarbeitern hat deutliche Signalwirkung in Richtung Markt. Daher muss das Integrationsmanagement diesen Brain Drain so gering wie möglich halten.

4. Schritt: Mitarbeiterverhalten ausrichten

Herausforderung – Mitarbeiterverhalten ausrichten

Die Herausforderung des Integrationsmanagements lässt sich plakativ wie folgt umreißen:

SAID	*does not mean*	***HEARD***
HEARD	*does not mean*	***UNDERSTOOD***
UNDERSTOOD	*does not mean*	***ACCEPTED***
ACCEPTED	*does not mean*	***DONE***
DONE	*does not mean*	***INTEGRATED INTO DAILY PRACTISE***

(Quelle: Prante, G., Closing Remarks, 1994 AgrEvo conference, Berlin)

Die Aufgaben des Integrationsmanagements gehen also weit über die strukturelle und personelle Verzahnung der Unternehmensspitze hinaus; muss doch für eine erfolgreiche Integration die gesamte Organisation hinter der Logik der Zusammenführung vereint werden. Das Integrationsmanagement steht daher vor der Herausforderung, alle Mitarbeiter dazu zu bewegen, an einem Strang ziehen.

In der Regel genügt die bloße Ankündigung einer Fusion oder Akquisition, um bei Mitarbeitern Unruhe auszulösen. Ein Hauptgrund ist die Unsicherheit über die eigene Zukunft, aus der heraus die Neigung der Mitarbeiter resultiert, an Altbekanntem festzuhalten und sich integrationsbedingten Veränderungen in den Weg zu stellen. Die Risiken werden eher wahrgenommen als die Chancen. Das Integrationsmanagement steht damit regelmäßig vor der Herausforderung, die Mitarbeiter für die Integration erst einmal gewinnen zu müssen. Die Hoffnung, dass Mitarbeiter von selbst vor allem die Chancen einer Integration und der damit verbundenen Veränderungen sehen, bleibt eindeutig die Ausnahme im Integrationsalltag.

Die Gefühlslage der Mitarbeiter während des Prozesses der Post Merger Integration wird am Beispiel der Integration der **Debis Systemhaus GmbH** wie folgt beschrieben:

„Das Neue muss sich erst bewähren, gewohnte Arbeits- und Verhaltensweisen werden infrage gestellt, Machtstrukturen ändern sich, oftmals entsteht bei den Mitarbeitern ein Gefühl der Überrumpelung und der Ohnmacht."

Werner Rudolf,
Human Ressource Manager bei der Debis Systemhaus GmbH

(Quelle: Mitbestimmung 11 (2000), S. 43)

Erschwerend kommt hinzu, dass selbst motivierte Mitarbeiter – also Mitarbeiter, die hinter der Integration stehen und diese proaktiv unterstützen wollen – nicht immer über ausreichende Fähigkeiten verfügen. So stellt z. B. nicht nur die strukturierte Aufnahme und Neudefinition von Geschäftsprozessen, sondern auch Veränderungen im operativen Aufgabenumfeld Mitarbeiter oftmals vor Schwierigkeiten. Die Motivation findet ihre Grenzen in den Fähigkeiten der Mitarbeiter. Diesen Mangel an Fähigkeiten kann das Integrationsmanagement nur bedingt durch eine höhere Antriebsstärke der Mitarbeiter kompensieren. Das Integrationsmanagement muss an dieser Stelle für das erforderliche Wollen und das hinreichende Können Sorge tragen.

5. Schritt: Operative Geschäftsaktivitäten verzahnen

Die operative Verankerung der Integration ist die Nagelprobe jeder Fusion und Akquisition. Nur wenn es dem Integrationsmanagement gelingt, nicht nur die Unternehmensspitze, sondern auch die operativen Geschäftsprozesse leistungsfähig zu verzahnen, lassen sich die Synergieziele dauerhaft umsetzen.

Dabei ähneln sich Unternehmen nur in Ausnahmefällen in der Abwicklung operativer Geschäftsvorfälle. Sei es Auftragsabwicklung, Marktbearbeitung oder aber betriebliche Leistungserstellung. D. h. es ist die große Ausnahme, dass sich der Job des Integrationsmanagements darauf reduziert, die operativen Geschäftsprozesse einfach übereinander zu legen. Im Regelfall sind die Anforderungen an das Integrationsmanagement deutlich höher. Selbst wenn die Unternehmen ähnliche Produkt-Markt Felder bearbeiten, also in verwandten oder gar identischen Märkten unterwegs sind, unterscheiden sie sich dennoch regelmäßig nicht nur in der Aufgabenverteilung zwischen einzelnen Abteilungen, sondern auch im Grad der Zentralisierung von Entscheidungen sowie den hierarchischen Strukturen im Haus. Im Regelfall muss das Integrationsmanagement die Geschäftsprozesse vor der eigentlichen Verzahnung erst noch einmal harmonisieren bzw. komplett neu gestalten. Damit obliegt dem Integrationsmanagement gerade auch auf operativer Ebene auch eine zutiefst gestalterische Aufgabe.

Das Integrationsmanagement hat regelmäßig die Frage zu beantworten, welche Prozesse bzw. Prozessteile von welchem Unternehmen übernommen werden können bzw. müssen oder aber vollständig neu zu gestalten sind. Nicht immer ist es das Beste, die Prozesse des größeren Unternehmens dem kleineren unmodifiziert überzustülpen. Denn trotz der pragmatischen Argumente, die für ein solches Vorgehen sprechen, birgt es die Gefahr, dass das kleinere

Unternehmen durch überdimensionierte Prozesse gewissermaßen erstickt wird. In der Folge verliert das Unternehmen an operativer Schlagkraft. Der eigentliche Beweggrund für den Erwerb des Unternehmens, insbesondere wenn es um die Nutzung der Innovationskraft geht, kann damit auf operativer Ebene abgetötet werden; aller überzeugender Argumente für einen Zusammenschluss zum Trotz.

Darüber hinaus ist die Gefahr groß, dass das Integrationsmanagement Verbesserungspotenziale verpuffen lässt, weil ihm valide Vergleichswerte und Anhaltspunkte bei der Neugestaltung der Geschäftsprozesse fehlen. Dies gilt insbesondere auch bei der Neudimensionierung der Ressourcenausstattung von Abteilungen. Zumeist fehlen hier Benchmarks, die Anhaltspunkte für Effizienzsteigerungen liefern. Mangels geeigneter Alternativen muss das Integrationsmanagement oftmals auf durchschnittliche Daumenwerte zurückgreifen. Das Integrationsmanagement hat also die Aufgabe, für die Umsetzung der Effizienzpotenziale Sorge zu tragen. Versagt das Integrationsmanagement an dieser Stelle, kann die überzeugendste Vision an der Realität scheitern.

FAZIT: **Jede Integration ist einmalig. Dennoch: Sowohl Top Performer als auch Durchschnittsunternehmen stehen vor fünf Kernherausforderungen. Allerdings wissen Top Performer im Gegensatz zum Durchschnitt ganz genau wie die Herausforderungen erfolgreich zu meistern sind.**

Design der Best Practice Studie

Wir wollten wissen, was Top Performer anders machen als weniger erfolgreiche Unternehmen und haben in einem mehrjährigen Forschungsprojekt 120 Unternehmen weltweit analysiert. Die Befunde besitzen aufgrund der repräsentativen Stichprobe eine hohe Aussagekraft für nahezu sämtliche Ausprägungen von Firmenehen:

Branchenzugehörigkeit des Erwerbers:
52 Prozent Dienstleistungssektor und sonstige
48 Prozent verarbeitendes Gewerbe
Größe des Erwerbers:
42 Prozent Unternehmen mit mehr als 10.000 Mitarbeitern
58 Prozent Unternehmen mit bis zu 10.000 Mitarbeitern
Firmenhauptsitz des Erwerbers:
57 Prozent Europa
29 Prozent Nord-/Südamerika
14 Prozent Asien/Pazifik
Ausprägung der Mergertypen:
66 Prozent Merger of Equals
22 Prozent Cross-border Merger
22 Prozent Corporate Merger

Zur Identifikation von Best Practices haben wir die Analyse zweigeteilt. In einem ersten Teil haben wir die Unterschiede zwischen Top Performern und dem Durchschnitt hinsichtlich der Intensität des Maßnahmeneinsatzes; also die Frage nach dem „Wie“ analysiert. Im zweiten Teil haben wir uns mit der Frage nach dem „Wann“ beschäftigt, also den Zeitpunkt des Maßnahmeneinsatzes untersucht. Als Richtschnur für den Leistungsvergleich von Top Performern und Durchschnittsunternehmen haben wir jeweils die prozentuale Abweichung der Top Performer vom Durchschnitt herangezogen.

1. Schritt: Integrationsprojekt aufsetzen!

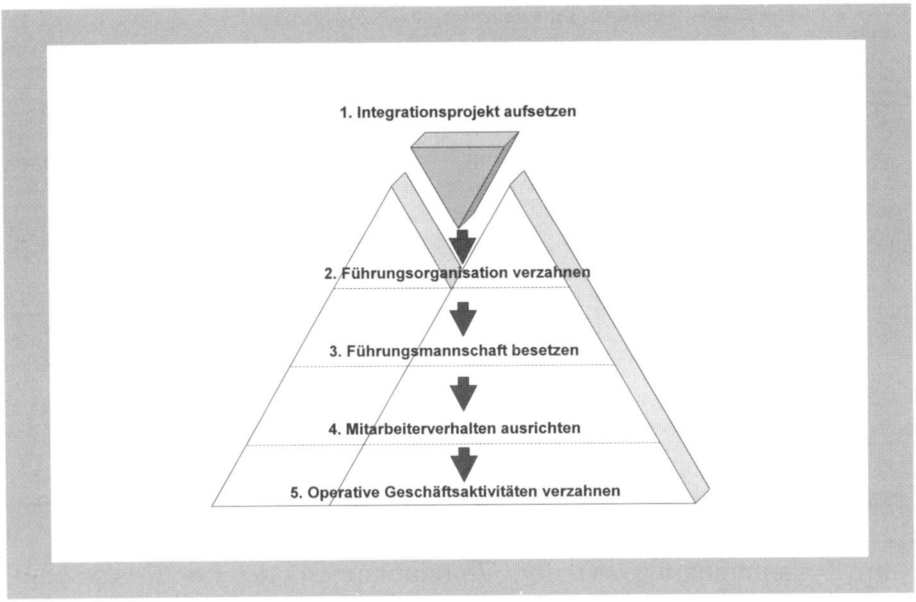

Abb. 19: Integration Excellence – Der erste Schritt

Top Performer vertrauen mehr auf Personen als auf Pläne

Top Performer zeigen ein um fast 50 Prozent höheres Engagement bei der Einbindung von Promotoren als die Durchschnittsunternehmen. Die Befunde unserer Studie sind also eindeutig: Top Performer verlassen sich im Vergleich zum Durchschnitt beim Projekt Set-up stärker auf Personen als auf Pläne. Mit anderen Worten: Spitzenunternehmen konzentrieren sich beim Aufsetzen des Integrationsprojektes vor allem darauf, die richtigen Leute an Bord zu holen. Während Top Performer in ähnlichem Umfang wie der Durchschnitt auch Integrationspläne erarbeiten, unterscheiden sie sich deutlich vom Durchschnitt in der stärkeren Einbindung von Promotoren.

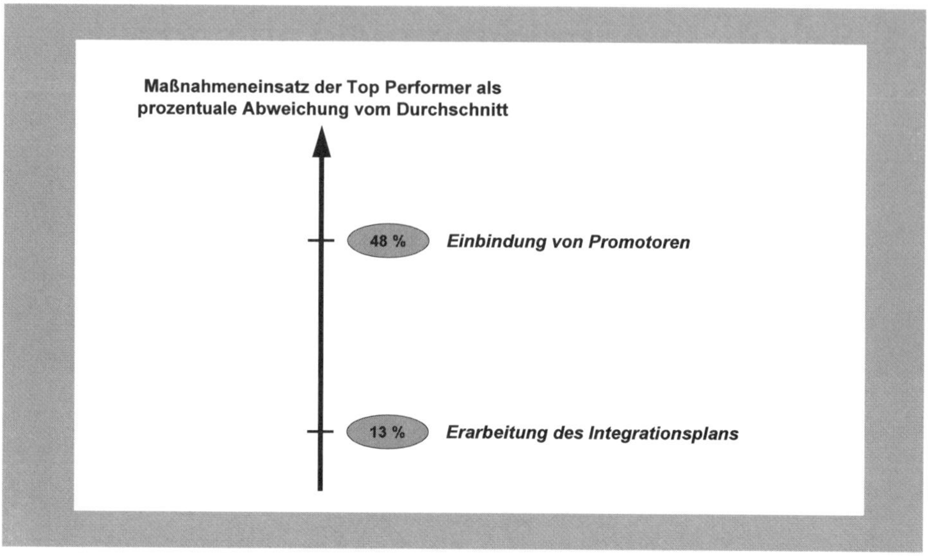

Abb. 20: Maßnahmen zur Aufsetzung des Integrationsprojektes

Im Zusammenhang mit den Verhandlungen, die der Fusion von **VEBA** und **VIAG** vorausgingen, berichtete die Wirtschaftswoche über die Promotoren der Fusion wie folgt:

„Einer der Promotoren ist Allianz-Chef Henning Schulte-Noelle. Er sitzt im Aufsichtsrat der Veba und ist dort einflussreicher Impulsgeber für die Konzernstrategie. Er war es, der Hartmann zum Aufsichtsratschef der Allianz-Schachtelbeteiligung Münchener Rück gemacht hat. (...) Wichtiger Fusionsantreiber ist auch Rolf-Ernst Breuer, Chef der Deutschen Bank und alter Studienfreund von Hartmann. Die übrigen Aufsichtsratsmitglieder der Veba haben kaum Einfluss auf das Großgeschehen – sieht man vom Ehrenaufsichtsratsvorsitzenden Günter Vogelsang ab."

(Quelle: Wirtschaftswoche vom 26.08.1999)

Top Performer überlassen die personelle Besetzung der Integrationsgremien nicht dem Zufall

Die besten Unternehmen besetzen die Projektgremien – insbesondere die Projektteams – sehr gezielt. Erfolgt die personelle Besetzung der Integrationsteams unmoderiert und unsystematisch, besteht nicht zuletzt auch die Gefahr, dass sich alte Seilschaften bilden und das mögliche Veränderungspotenzial, das durch die Integration erschlossen werden könnte – bereits in den Anfängen verpufft. Anstelle dieses personalpolitischen Durcheinanders setzen Top Performer auf einen strukturierten Bewertungsprozess, der die Grundlage der personellen Zusammenstellung der Integrationsteams ist. Spitzenunternehmen orientieren sich dabei stringent sowohl am Geschäftsverständnis der Kandidaten als auch an deren vorhandenen analytischen und konzeptionellen Fähigkeiten. Außerdem achten sie darauf, dass die Kandidaten von beiden Organisationen gleichermaßen anerkannt und akzeptiert werden.

Faule Kompromisse bei der Auswahl der Teammitglieder können dazu führen, dass wesentliche Meilensteine nicht rechtzeitig erreicht werden oder aber für den Erfolg der Integration zwingend erforderliche Aufgabeninhalte nur teilweise oder gar nicht abgearbeitet werden können. Darüber hinaus vergessen Top Performer nicht, dass die Mitglieder der Integrationsteams eine zentrale Funktion auch als Katalysator bzw. Multiplikator besitzen; personifizieren sie doch als Mensch und Funktion die Integration per se. Wenn also die Teammitglieder nicht umfassend hinter der Integration stehen, kann durch unwillige bzw. wenig befähigte Teammitglieder die Arbeit des gesamten Teams und damit der Integration negativ beeinflusst werden. Durch eine inkonsequente und lediglich kompromissgeprägte Besetzung der Integrationsteams besteht somit die Gefahr, dass sich das Integrationsmanagement gewissermaßen selbst eine Laus in den Pelz setzt.

Grundprinzipien zur personellen Besetzung der Integrationsgremien

#1: *„Die Auswahl der Team-Mitglieder sollte einem bewussten und wohl durchdachten Prozess folgen!“*

#2: *„Management-Erfahrung, Organisationstalent und klare analytische und konzeptionelle Fähigkeiten sind bei den Team-Mitgliedern unabdingbare Voraussetzung!”*

#3: *„Keine Kompromisse bei der Wahl der Team-Mitglieder!”*

 # 4: *„Die ‚richtigen’ Team-Mitglieder sind meist diejenigen, auf die im tagtäglich Geschäft kaum verzichtet werden kann!”*

#5: *„Alle Team-Mitglieder müssen mindestens 50 Prozent ihrer Arbeitszeit dem Integrationsprojekt widmen!”*

In der Regel sind gerade diejenigen Mitarbeiter, die für die Integration wichtig sind, bereits bis über beide Ohren mit Arbeit eingedeckt. Denn die meisten Unternehmen haben zu wenig High Potentials, und in aller Regel sind dies die Mitarbeiter, die das Linienmanagement für unentbehrlich hält. In anderen Worten: Mitarbeiter die aufgrund ihrer Fähigkeiten und ihres Know-how die Integration nach vorne bringen könnten, sind mit anderen – in der Regel für den Unternehmenserfolg durchaus wichtigen – Aufgaben beschäftigt. Dennoch schaffen es Spitzenunternehmen, diese Kernmitarbeiter zu mehr als 50 Prozent ihrer Kapazität für die Umsetzung der Integration zu gewinnen. Das Integrationsmanagement muss hier sein Verhandlungsgeschick – insbesondere gegenüber der Linienorganisation – unter Beweis stellen. Bei konfliktären Auffassungen hinsichtlich der Priorisierung operativer Aufgaben einerseits und integrationsspezifischer Themenstellungen andererseits sind Top Performer in der Lage auf dem kleinen Dienstweg – also vor allem pragmatisch und schnell – unter Einbindung von Geschäftsleitungsmitgliedern eine praktikable und tragfähige Lösung zu finden. Nicht zuletzt auch daher zeichnet sich das Integrationsmanagement der Top Performer durch kurze Dienstwege und eine enge Rückkopplung mit der Unternehmensführung aus.

Die Einbindung des Top-Managements ist allein nicht ausreichend für erfolgreiche Integrationen

Ohne aktive Unterstützung der Geschäftsleitung sind Integrationen zum Scheitern verurteilt. Denn nur durch das hierarchische Potenzial der Geschäftsleitung können anreizbedingte Widerstände auf Seiten der Mitarbeiter überwunden und zusätzliche Ressourcen für die Integration bereitgestellt werden. Durch die proaktive Einbindung von Geschäftsführungsmitgliedern schaffen es Top Performer Integrationsbarrieren wirksam und vor allem kurzfristig aus dem Weg zu räumen.

Ein sehr gutes Beispiel einer solchen Task Force ist die so genannte Clearingstelle bei **Thyssen-Krupp-Stahl**. Diese greift immer wieder in den Prozess der Integration der operativen Teilbereiche ein, wenn unverhofft auftretende Probleme zu lösen sind:

„Rund 100 Manager beider Unternehmen trafen sich von März bis August in 35 Arbeitsgruppen zur operativen Umsetzung der Fusion TKS. Die dringendsten Probleme räumte eine Clearingstelle – zwei Vorstände, zwei Direktoren – auf dem kurzen Dienstweg beiseite.“

(Quelle: Wirtschaftswoche vom 16.10.1997)

Allerdings ist hierarchisches Potenzial alleine für eine erfolgreiche Integration nicht ausreichend. Vielmehr muss das Integrationsmanagement es auch schaffen, Kernmitarbeiter mit solidem operativem Know-how sowie intimer Organisationskenntnis an Bord zu holen. Gelingt dies nicht, ist die Gefahr groß, dass in den Integrationsteams nur schwer oder gar nicht umsetzbare Lösungen erarbeitet werden oder aber, dass die Integration als Achter mit *nur* einem Steuermann stecken bleibt, sie also an organisatorischen Widerständen scheitert. Zur Überwindung der verschiedenen Barrieren, die im Laufe einer Integration auftreten, binden Top Performer neben der Geschäftsführung weitere Kernmitarbeiter zielgerichtet in die Integration ein; dies sind vor allem operative Fachleute und graue Eminenzen.

- Operative Fachleute
  Top Performern gelingt es, anerkannte Linienmanager – Führungskräfte, die ihr Geschäft verstehen – aus beiden Unternehmen für die Integration zu begeistern und für die proaktive Unterstützung der Sache zu gewinnen. Die zielgerichtete Einbindung operativer Fachleute hilft, mangelnde Fähigkeiten der Mitarbeiter auszugleichen und Wissensdefizite zu überwinden. Gleichzeitig wird garantiert, dass die in den Teams erarbeiteten Ergebnisse im operativen Tagesgeschäft tatsächlich umgesetzt werden können.
- Graue Eminenzen
  Jede Organisation hat ihre grauen Eminenzen. In der Regel handelt es sich hierbei um verdiente Mitarbeiter mit hoher Visibilität in der Organisation. Sie sind gewissermaßen die Inkarnation der organisatorischen Seele. Aufgrund ihrer langjährigen Erfahrung haben sie die Organisation nicht nur entscheidend geprägt sondern kennen sie auch intim. Sie wissen etwa auch, wer wo welche Leiche im Keller hat. Aufgrund ihres feinmaschigen Netzwerks informeller Kontakte reicht ihnen oftmals ein Telefonat wo sonst Briefwechsel und Unterschriften vonnöten wären. Diese kommunikative und informelle Macht nutzen Top Performer für die Integration, um auch informelle Türen für die Integration zu öffnen.

Top Performer kennen die Spielregeln der Integrationsplanung

Ohne Integrationsplanung geht es auch bei Top Performern nicht, wäre die schiere Komplexität anders auch nicht zu bewerkstelligen. Allerdings übertreiben Top Performer die Integrationsplanung nicht. In Anbetracht der großen Komplexität und der Dynamik von Integrationen können auch sie die Integration nicht bis ins letzte Detail planen. Im Gegensatz zum Klein-Klein-Vorgehen folgen sie der 80:20 Regel: Weiße Flecken in der Planung werden schrittweise im Verlauf der Integration gefüllt. Der Integrationsplan ist anfänglich nichts weiter als ein grober Arbeitsplan, der wesentliche Arbeitsschritte, Meilensteine und Verantwortlichkeiten festlegt. Das Integrationsmanagement muss diesen im Verlauf der Integration mit zunehmendem Informationsstand immer weiter verfeinern. Während des Integrationsprozesses entwickeln sich so immer detailliertere Arbeitspläne. Der Integrationsplan selbst ist damit für das Integrationsmanagement die Ausgangsbasis für die Fortschritts- und Erfolgskontrolle der Integrationsumsetzung. Allerdings muss das Integraionsmanagement zur Wahrnehmung dieser zentralen Rolle des Integrationsplans sicherstellen, dass dieser entsprechend dem zunehmenden Informationsstand stets à jour gehalten wird. Wie detailliert die Integrationsplanung ist, hängt jeweils wesentlich vom Informationsstand ab – sie ist damit jedes Mal ein Einzelfall. So sind z. B. die Möglichkeiten bei einem Corporate Merger anders als im Falle eines Hostile Takeovers.

Prinzipien effektiver Kommunikation zur Adressierung von Unsicherheiten und Ängsten auf Seiten der Mitarbeiter

- *Häufige Kommunikation auch in Phasen mit eher geringem Kommunikationsbedarf*
- *Kommunikation muss durch eine einzige Quelle gespeist werden, um Inkonsistenzen zu vermeiden.*
- *Die Wahl des richtigen Tons und die Gestaltung des Kommunikationsprozesses sind genauso wichtig wie die Inhalte selbst.*
- *„Face-to-face"- Kommunikation ist oft der effektivste Weg, Unsicherheiten und Ängste zu reduzieren.*
- *Kommunikation muss durch Managementmaßnahmen mit hoher Visibilität und Symbolkraft unterstützt werden.*
- *Viele kleine Kommunikationsmaßnahmen sind effektiver als einige wenige große.*

Auch Top Performer können zu Beginn der Integration nicht sämtliche Fragen beantworten und bleiben manche Antwort schuldig. Diese Lücken gleichen sie mit einem offenen und leistungsfähigen Kommunikations-Feuerwerk aus. Das entscheidende Merkmal jedoch ist die proaktive Gestaltung der Kommunikation, wird diese doch nicht als notwendiges Übel, sondern als wirksame Waffe zur Bekämpfung von Unsicherheiten auf Seiten der Mitarbeiter eingesetzt.

Der richtige Ton und die Gestaltung des Kommunikationsprozesses sind genauso wichtig wie die Inhalte selbst. Aufgrund der größeren Effektivität setzen Top Performer daher viele kleine Kommunikationsmaßnahmen statt einiger weniger großer ein, und das eben auch in Phasen mit eher geringerem Kommunikationsbedarf.

Hierbei greifen sie soweit möglich auf Face-to-Face Kommunikation zurück, da diese der effektivste Weg ist, Unsicherheiten und Ängsten auf Seiten der Mitarbeiter zu begegnen. Diese Unternehmen wissen auch, dass verbale Kommunikation durch ganz konkrete Managementmaßnahmen mit hoher Visibilität und Symbolkraft unterstützt werden müssen. Um Inkonsistenzen in der Kommunikation von vorneherein auszuschließen, implementieren sie pragmatische Prozesse, die sicherstellen, dass die Kommunikation nur aus einer Quelle gespeist wird. Widersprüchliche Aussagen in der Kommunikation und Dementis, die an der Glaubwürdigkeit der Unternehmensleitung kratzen, werden so wirkungsvoll vermieden.

FAZIT: **Top Performer vertrauen beim Set-up des Integrationsprojekts eher auf Personen als auf Pläne. Sie stecken mit der Integrationsplanung lediglich den groben Rahmen für die Integration ab (80:20 Regel). Zwangsläufige Plannungslücken werden hier über eine leistungsfähige Kommunikation ausgeglichen. Durch eine strukturierte personelle Besetzung der Integrationsteams stellen Top Performer sicher, dass die richtigen Leute an Bord kommen.**

Kernfragen: 1. Integrationsprojekt aufsetzen

- Welche Kernmitarbeiter müssen für eine erfolgreiche Durchführung des Zusammenschlusses in den Integrations-Teams mitarbeiten? Wie können Kernmitarbeiter auf beiden Seiten für das neue Unternehmen begeistert und aktiv in die Integration eingebunden werden?
- Nach Maßgabe welcher Kriterien sind die Mitglieder der Integrations-Teams auszuwählen und zu benennen? Wie ist der Prozess und das Timing der Benennung zu gestalten?
- Wie können Kern-Mitarbeiter für die Arbeit in den Integrationsteams von ihren bisherigen Aufgaben – zumindest teilweise – freigestellt werden? Wie kann eine Balance zwischen den operativen Anforderungen und den Erfordernissen der Integration gefunden werden?
- Wie lassen sich Promotoren auf Seiten des erworbenen Unternehmens identifizieren und für die Integration gewinnen?
- Sollen die Projektteams paritätisch mit Vertretern beider Unternehmen besetzt werden?
- Welche Freiräume sollen Promotoren eingeräumt werden? Sind Promotoren an organisatorische Grenzen der Integrationsprojektorganisation gebunden?
- Welche Perspektiven können den Promotoren für die Zeit danach geboten werden? Welche Maßnahmen werden ergriffen, um ein Verbrennen der Promotoren zu verhindern?

Fallbeispiel: Siemens AG

Wissensmanagement und Führung – Erfolgsfaktoren für Integration Excellence

Die Siemens AG hat in den vergangenen zehn Jahren über 1.000 Unternehmen erworben und in den Konzernverbund integriert. Wichtiger Bestandteil erfolgreichen Integrationsmanagements ist ein umfassendes Wissensmanagement, das dafür sorgt, dass Prozesse und Lernerfahrungen dokumentiert, strukturiert und transferiert werden, so Dr. Kai Lucks, Leiter der Abteilung Group Strategies, M&A-Integration bei der Siemens AG in München.

Vielfach wird ja die Meinung vertreten, dass jede Firmenehe grundsätzlich anderen Regeln folgt und anderen Zwängen genügen muss. Ist systematisches Wissensmanagement bei M&A also nur bedingt sinnvoll?

Die Annahme, jede Übernahme sei anders, und Erfahrungen aus anderen Fällen ließen sich nicht übertragen, ist falsch. Top Performer haben vielmehr spezifische Handlungsmuster entwickelt, nach denen sie vorgehen. Dazu gehören neben grundlegenden Weichenstellungen wie etwa dem Verfolgen einer einheitlichen Strategie insbesondere auch die Integration nach einem konsistenten Muster und die strenge Einhaltung bestimmter Regeln für Prozessdesign und -management.

Welche Rolle spielt hierbei die konkrete Lernerfahrung des Managements im Umgang mit M&A und Integrationen?

Fehlen konkrete Erfahrungen, so erliegt ein Firmenkäufer leicht der Versuchung, billigen ‚Patentrezepten' zu folgen, die in die Irre führen. Gefordert ist deshalb eine starke und erfahrene Hand, die in der Lage ist, differenzierte Lösungen zu schaffen. Hierbei spielt auch die Einbindung der Verantwortlichen auf Seiten beider Fusionspartner eine wesentliche Rolle.

Wie werden bei Siemens die Erfahrungen aus Firmenintegrationen erfasst?

Siemens konnte in den vergangenen zehn Jahren mit dem Kauf von über tausend Firmen auf systematische Weise ein hohes Maß an Erfahrung gewinnen. Diese fand ihren Niederschlag in dem Konzept eines einheitlichen Integrationsprozesses mit verbindlichen Programmen und Meilensteinen, einem Kompetenzzentrum für Unternehmensintegrationen sowie einem weltweiten Netz von Erfahrungsträgern.

Welche Fähigkeiten sind es denn, die einen erfolgreichen Integrationsmanager auszeichnen?

Ein erfolgreicher Unternehmensführer ist nicht automatisch auch ein geschickter Unternehmenskäufer und Integrationsmanager. Es kann sogar ins Gegenteil umschlagen, wenn etwa ein charismatischer Führer eine Akquisition vor allem zur Stärkung seines Ego betreibt und rationale strategisch-wirtschaftliche Überlegungen ins Hintertreffen geraten. Eine Unternehmensübernahme kann aber auch als externes Business Re-Engineering angesehen werden; dann sind natürlich Vorerfahrungen aus einer internen Restrukturierung sehr hilfreich. Die Kompetenz zur Restrukturierung von Geschäften ist nämlich bei Firmenzusammenschlüssen entscheidend.

Welche Rolle spielen externe Berater beim M&A-Wissensmanagement?

Bei jedem M&A-Vorhaben stellt sich die Frage nach der Einschaltung von externen Ratgebern — aus Gründen der Kompetenz, einer unvoreingenommenen Sicht, Kapazitätserwägungen oder einfach, weil es rechtlich vorgeschrieben ist. Nur wenige Großunternehmen können sich im eigenen Haus umfassende Stäbe von Spezialisten halten. Entscheidend für den Einsatz von externen Beratern ist deren Fähigkeit, ihre Kompetenz in das Unternehmen einzubringen, das im gemeinsamen Projekt gewonnene Wissen an die Mitarbeiter im Unternehmen zu übertragen damit sie es dort weiter entwickeln. Die Botschaft für den Unternehmer lautet aber: sich das Heft nicht aus der Hand nehmen zu lassen, jedem Beteiligten seine Rolle zuzuweisen und die Rollenaufteilung strikt einzuhalten.

2. Schritt: Führungsorganisation verzahnen!

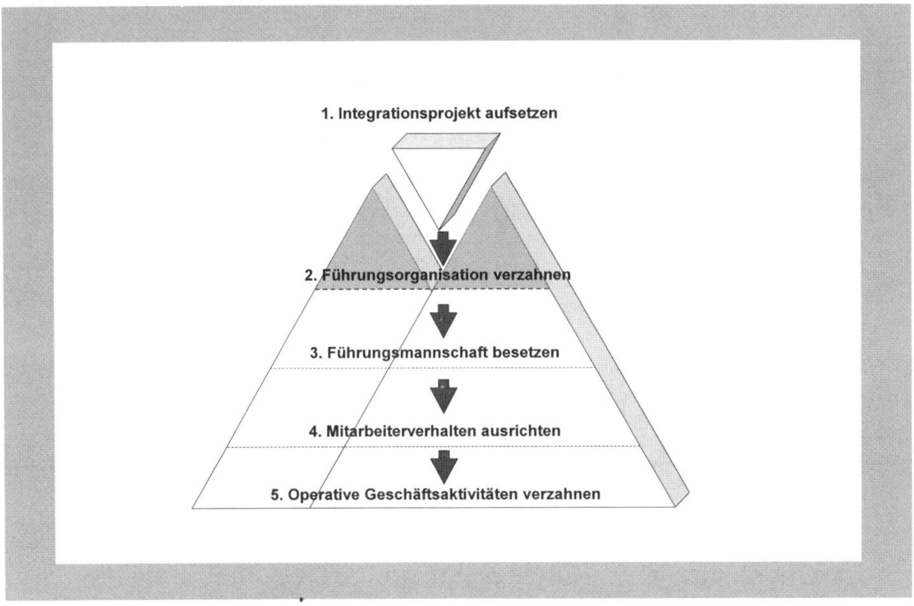

Abb. 21: Integration Excellence – Der zweite Schritt

Top Performer belassen es nicht beim Zusammenschieben der Organigramme

Im Vergleich zum Durchschnitt ergreifen Top Performer um 56 Prozent intensivere Maßnahmen bei der Verzahnung der Planungs- und Reportingprozesse; bei der Erarbeitung bzw. Aufstellung von pro forma financials sind es immerhin 47 Prozent. Deutlich geringer ist der Unterschied zwischen Top Performern und dem Durchschnitt mit 11 Prozent hinsichtlich der Verzahnung der Führungsorganisation.

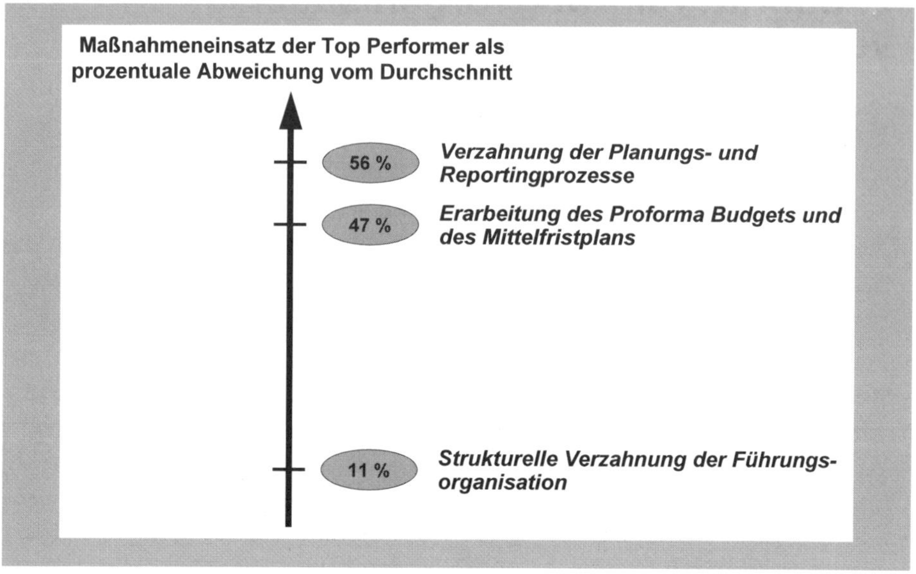

Abb. 22: Maßnahmen zur Verzahnung der Führungsorganisation

Im Gegensatz zum Durchschnitt gehen Top Performer bei der Verzahnung der Führungsorganisationen weit über das reine Zusammenschieben der Organigramme hinaus. Sie ergreifen Maßnahmen, die die Funktions- und Leistungsfähigkeit der neu gestalteten Unternehmensspitze umfassend sicherstellen. Die Entwicklung eines neuen pro forma Budgets und Mittelfristplans spielt für sie dabei eine ebenso große Rolle wie die Verzahnung der Planungs- und Reportingprozesse; liefern beide Maßnahmen zusammen doch die Basis dafür, dass die Synergieziele systematisch und zahlenbezogen artikuliert und der Grad der Zielerreichung lückenlos kontrolliert werden kann. Sie schaffen so gewissermaßen ein Radarsystem, das frühzeitig warnt, wenn die Integration in Schieflage zu geraten droht; bleibt so doch ausreichend Zeit geeignete Maßnahmen zum Gegensteuern zu ergreifen.

Top Performer verzahnen die Führungsstruktur entlang erwarteter Synergiepotenziale

Die Verzahnung der Führungsorganisation basiert auf der Verzahnung der Führungsstrukturen. Dabei fällt dem Integrationsmanagement die Aufgabe zu, die Entwicklung einer Rahmenstruktur für das Gesamtunternehmen zu gestalten. Zwei Themenbereiche gilt es dabei zu erarbeiten. Erstens, die Frage, welche Aufgaben zukünftig auf der Ebene der Unternehmensleitung und welche auf der der operativen Unternehmensbereiche angesiedelt werden. Damit wird die Kompetenzverteilung zwischen der Unternehmensleitung und den operativen Unternehmenseinheiten festgelegt. Zweitens, die Frage nach der organisatorischen Gestaltung der nachgelagerten operativen Geschäftseinheiten. Üblicherweise unterscheidet man drei idealtypische Optionen: Funktionalorganisation, Spartenorganisation und Regionalorganisation.

Hierbei muss man sich insbesondere darüber im Klaren werden, welche Zentralisierungsform der betrieblichen Funktionen, Sparten oder Regionen die größten Synergievorteile verspricht. In der Regel wird sich ein kunstvoll gewobenes Mischsystem etablieren. So wäre etwa denkbar, neben einer zentralisierten Forschung und Entwicklung einen regional dezentralen Vertriebsbereich zu errichten. Beides ist ein Reflex vorhandener bzw. zu erwartender Synergiepotenziale. Die konkrete Entscheidung bei der Verzahnung der Führungsstrukturen hängt wie immer vom Einzelfall ab.

Mögliche Rollen des Corporate Centers

Mögliche Modelle zur Definition der Rolle der Unternehmenszentrale des neuen Unternehmens können im Spannungsfeld zwischen „Ein-Produkt-Unternehmen“ auf der einen Seite und „Diversifiziertem Unternehmen“ auf der anderen Seite unterschieden werden. Die zentrale Frage bezieht sich im wesentlichen auf den Verwandtschaftsgrad der Geschäftsfelder zwischen dem erwerbenden und dem erworbenen Unternehmen. Aus der Vielzahl möglicher Modelle seien beispielhaft folgende vorgestellt:

Operator
Auf Ebene der Führungsorganisation sind sämtliche wesentlichen operativen Funktionen wie z. B. Marketing & Vertrieb, Produktion und Distribution verankert. Durch diese Fülle operativer Aufgaben mit deutlich funktionalen Schwerpunkten sind auf Ebene der Führungsorganisation umfassende Ressourcen anzusiedeln. Der Freiheitsgrad der operativen Einheiten ist dementsprechend in umfassender Weise beschränkt.

Controller
Die Führungsorganisation beschränkt sich auf die Durchführung detaillierter Management Reviews und selektive Eingriffe in das operative Geschäft. Die Planung auf Ebene der Produkt-Markt-Ebene wird typischerweise in der Zentrale durchgeführt. Dafür müssen die Voraussetzungen in puncto Workforce und Ausstattung vorhanden sein. Wichtige Erfolgskenngröße für den Controller sind vor allem operative Geschäftsergebnisse, die er auch interpretieren kann.

Strategic Architect
Die Führungsorganisation beschränkt sich auf die Festlegung der strategischen Stoßrichtung. Meist handelt es sich hierbei um Analyse- und Planungsaktivitäten auf Ebene von Branchen bzw. Industrien. Ziel ist, das Portfolio an operativen Unternehmensaktivitäten auf strategisch wichtige Wachstumsbranchen zu fokussieren. Typische Kenngröße für den Erfolg der Tätigkeit der Unternehmenszentrale bilden Shareholder Value Kenngrößen.

Finanzholding
Der Tätigkeitsschwerpunkt der Führungsorganisation besteht darin, finanzielle Reviews durchzuführen und die Budgets auf die verschiedenen operativen Bereiche zu verteilen. Die operativen Einheiten haben sowohl strategisch als auch operativ umfassende Freiheiten und Autonomie und sind letztlich lediglich für die Finanzergebnisse verantwortlich. Demzufolge ist die Unternehmenszentrale ressourcenseitig nur mit einer dünnen Decke ausgestattet.

Top Performer fassen die Synergieziele in Proforma Financials zusammen

Begriffe wie Economies-of-Scale oder Größeneffekte dienen oftmals als Platzhalter, die verbergen sollen, dass Unternehmen keine wirklich klare Vorstellung davon besitzen, wie die Synergien konkret aussehen sollen. Top Performer gehen anders vor. Sie analysieren alle Synergiequellen systematisch zu Beginn der Integration und artikulieren ihre Synergieziele in Form zahlengestützter pro forma financials, also Finanzplänen, die die finanziellen Zielsetzungen der Integration zwar nicht in Stein meißeln allerdings mit hohem Verbindlichkeitscharakter festlegen. Hierbei unterscheiden sie sich vom Durchschnitt nicht nur darin, dass sie sich zu einer Quantifizierung der Synergieziele zwingen und diese soweit möglich bereits auf die organisatorische Ebene herunterbrechen.

Die Besten schielen zwar auch nach Kostensynergien, verfolgen aber darüber hinaus weitreichende Wachstumsziele mit der Unternehmenszusammenführung. Durchschnittsunternehmen hingegen geben sich zu schnell mit vermeintlich leicht umsetzbaren Kostensynergien zufrieden. Natürlich vermeiden auch Top Performer Doppelarbeit und nutzen etwa durch Standort- und Abteilungszusammenlegungen umfassend Möglichkeiten zur Umsetzung von Effizienzsynergien. Allerdings besitzen sie gegenüber Durchschnittsunternehmen ein ausgeprägtes Wachstumsbewusstsein.

Ein weiterer Unterschied: Top Performer quantifizieren nicht nur die Synergien sondern auch die Synergiekosten; also den Aufwand für die Implementierung. Erst der Vergleich von Brutto-Synergien und Synergiekosten liefert ein realistisches Bild des Wertpotenzials einer Unternehmenszusammenführung. Nach Maßgabe der Verursachungsgrundlage treten in der Regel zwei Arten von Synergiekosten auf:

- Mitarbeiterbezogene Synergiekosten:
  Die Implementierung von Effizienzsynergien ist oftmals mit Personalabbau verbunden. Dabei fallen regelmäßig Kosten für die Freisetzung von Personal an. Hierzu gehören z. B. Abfindungszahlungen und Kosten für das Outplacement. Die Umsetzung der Synergieziele kann auch den physischen Umzug von Mitarbeitern von einem Standort zu einem anderen erforderlich werden lassen. Die dabei anfallenden Kosten können die Brutto-Synergien nicht unerheblich reduzieren.

- Anlagebezogene Synergiekosten:
  Kosten können bei der Implementierung von Synergien auch dadurch entstehen, dass Neuinvestitionen in Sachanlagen erforderlich werden. Oder aber es fallen Kosten für Transport und Re-Installation bereits bestehender Anlagen an. Gleiches gilt für Renovierungsarbeiten sowie Kosten für die Schließung von Standorten, z. B. durch die Sanierung von Altlasten.

Top Performer wissen allerdings: Bei der Synergieimplementierung fallen auch Kosten an, die buchhalterisch nur schwer quantifizierbar doch mit realem Einfluss auf den Unternehmenserfolg sind – die versteckten Synergiekosten. Hierzu gehören z. B. entgangene Umsätze als Folge der Integration. Häufig ist im Zusammenhang mit Integrationen ein Sales Dip zu beobachten, ein temporäres Absinken des Umsatzes. Dieser Umsatzrückgang ist letztendlich sichtbarer Ausdruck dafür, dass sich der marktgerichtete Fokus der Organisation aufgrund der Integration abschwächt. Meist geschieht

Folgendes: Statt der Bewegungen auf dem Markt verfolgen Mitarbeiter in Zeiten der Integration vor allem unternehmensinterne Veränderungen. Nicht selten fließt dann, die sonst marktgerichtete Energie in ressourcenaufreibende interne Macht- und Positionskämpfe. Spitzenunternehmen wissen, dass sie dieser Fixierung auf unternehmensinterne Ereignisse entgegentreten müssen, um versteckte Synergiekosten zu vermeiden.

Eindrucksvoll illustriert das Beispiel **DaimlerChrysler** die mögliche Größenordnung von Synergiekosten:

*„Die Kosten für den Zusammenschluss (von **Daimler Benz** und **Chrysler**) werden insgesamt ca. 550 Mio. DM betragen. Hierin enthalten sind Honorare und sonstige Aufwendungen für Investmentbanken, Rechtsberater, Wirtschaftsprüfer und sonstige Berater, die Daimler-Benz und Chrysler in Verbindung mit der Genehmigung, Erstellung, Verhandlung und Erfüllung der Vereinbarungen über den Zusammenschluss entstanden sind und noch entstehen werden. Ferner beinhaltet diese Summe auch Kosten für die Erstellung, Registrierung und den Versand von Vollmachtserklärungen und Prospekten für Daimler-Benz und für Chrysler.*
Im Zuge der Verschmelzung der Daimler-Benz AG auf die DaimlerChrysler AG werden Grunderwerbsteuern in Höhe von voraussichtlich 160 Mio. DM anfallen.
Den einmalig anfallenden Gesamtkosten des Zusammenschlusses stehen kurzfristig realisierbare Kosteneinsparungen infolge von Synergieeffekten sowie Umsatzsteigerungen von zusammen rund 2,5 Mrd. DM jährlich und mittelfristig von über 6 Mrd. DM pro Jahr gegenüber.“

(Quelle: Daimler Benz AG (Hrsg.), Informationen zum Zusammenschluss von Daimler Benz und Chrysler, Stuttgart 1998, S. 23)

Top Performer verfolgen die Verzahnung von Planung und Reporting mit Nachdruck

Die betrachteten Integrationsfälle belegen die hohe Aufmerksamkeit, die Spitzenunternehmen den für die Verzahnung der Führungsorganisation erforderlichen Führungs- und Kontrollinstrumenten schenken. Diese Unternehmen führen die Maßnahmen zur Verzahnung der Reporting- und Planungsprozesse um 56 Prozent intensiver durch.

Die Besten wissen um die große Bedeutung der Verzahnung von Planungs- und Reportingprozessen. Sie bilden das Rückgrat für das Monitoring der Integration und den Grad der Zielerreichung und liefern damit auch die Möglichkeit zum rechtzeitigen Gegensteuern. Die Verzahnung der Reportingprozesse ist die oberste Voraussetzung dafür, belastbare Zahlen an die Shareholder zu berichten. Damit kann den Informationsbedürfnissen der Shareholder entsprochen und der Fortschritt der Integration verlässlich nach außen dokumentiert werden. Fordern doch Investoren zusehends größere Transparenz der Berichterstattung sowie proaktive Selbstdarstellung der Unternehmen anhand wertorientierter Kennzahlen. Sowohl die Notwendigkeit auf internationalen Finanzmärkten präsent zu sein als auch die zunehmende Macht institutioneller Anleger haben den Stellenwert von Planung und Reporting im Rahmen von Integrationen nachhaltig erhöht. Top Performer stellen sich den gestiegenen Anforderungen nicht nur im Tagesgeschäft, sondern auch beim Integrationsmanagement. Sie sind damit in der Lage, die Erwartungshaltung der Shareholder sowie anderer Stakeholder mit verlässlichen Informationen proaktiv zu managen. Dabei zielen sie bei der Neugestaltung von Planung und Reporting nicht nur auf die Maximierung des Unternehmenswertes, sondern folgenden Handlungsmaximen:

- Voraussetzungen für eine zeitnahe und regelmäßige Aktualisierung der Planung schaffen!
  Zur Realisierung dieser Anforderung gilt es, Target Setting und Forecasting grundsätzlich voneinander zu entkoppeln. Während das Target Setting – also die Zielvereinbarung mit dem Management – einmal pro Jahr erfolgt, ist das Forecasting monatlich zu adaptieren. Durch die Trennung von Target Setting und Forecasting wird eine größere Flexibilität geschaffen, die es erlaubt, die Planung zeitnah und regelmäßig zu aktualisieren. Darüber hinaus bildet die Standardisierung von Daten, Prozessen und Verfahren eine Grundvoraussetzung dafür, dass die Planung zeitnah und regelmäßig aktualisiert werden kann.

- Zentralen Datenpool für orts- und zeitunabhängigen Zugriff auf Planungsinformationen installieren!
  Die Nutzung eines unternehmensweit einheitlichen IT-Planungssystems und zentralen Datenpools sind unerlässlich. Oberste Zielsetzung ist hierbei die Vermeidung von Redundanzen und Inkonsistenzen. Nicht zuletzt die Schaffung eines zentralen Datenpools bildet auch die Voraussetzung dafür, die Aufwände für Entwicklung, Betrieb und Wartung zu reduzieren.

- Vorsysteme zur nahtlosen Integration der Planungssysteme flexibel an die Systemlandschaft des Finanzbereichs anbinden!
  Zielsetzung hierbei ist die lückenlose Integration der Planungssysteme in die Finanzsystemlandschaft des neuen Unternehmens. Nur so können abgestimmte konsistente Strukturen geschaffen und ein Hochladen von Ist-Daten zu Analysezwecken ermöglicht werden. Letztendlich bildet die flexible Anwendung der Vorsysteme auch die Voraussetzung dafür, dass Plandaten in den vorgelagerten Systemen zurückgeschrieben werden können.

Ein Beispiel für diesen Prozess der strategischen Weichenstellung liefert der Zusammenschluss von **Daimler Benz** und **Chrysler**:

„Bei der Konzernstrategie haben wir zunächst mit den amerikanischen Kollegen ein Projekt aufgesetzt, in dem man sich auf gewisse Methoden und Prozesse geeinigt hat. Das ist sehr früh geschehen, nämlich 1998. Unmittelbar nach Day One hat man angefangen, die strategische Planung zu initiieren. Die dauert hier in der Regel 3 Monate. Dabei werden alle Business Units aufgefordert, die wesentlichen Herausforderungen darzustellen. In einem Meeting stellt dann jeder Leiter einer Business Unit noch einmal seine Strategie dar und diese Strategie wird im Vorstand diskutiert. Im Anschluss daran findet eine Konzernstrategie-Klausur statt. Dieser Prozess ist sehr professionell von beiden Seiten aufgesetzt worden und auch in aller Stringenz durchgeführt worden. Ende Juli 1999 wurde dies in einem sehr großen Meeting in Auburn-Hills erfolgreich vollzogen."

Rüdiger Grube, Bereichsvorstand Konzernstrategie und Olaf G. Koch,
Senior Manager and Head of the Corporate War-Room bei DaimlerChrysler

(Quelle: zeitschrift führung + organisation 68 (1999), S. 352)

FAZIT: Top Performer gehen durch die Implementierung leistungsstarker Steuerungsinstrumente über das bloße Zusammenschieben von Organigrammen hinaus. Die Entwicklung des neuen Budgets und Mittelfristplans spielt für Top Performer dabei eine ebenso große Rolle, wie die Verzahnung der Planungs- und Reportingprozesse.

Kernfragen: 2. Führungsorganisation verzahnen

- Welche Rolle muss die Führungsorganisation einnehmen, um das Wertpotenzial des Mergers umfassend ausschöpfen zu können? Welche Aufgaben müssen zur Realisierung der Synergieziele zwingend auf der Ebene der Unternehmenszentrale angesiedelt sein?
- Welche qualitativen und quantitativen Ressourcenbeschränkungen liegen derzeit auf Ebene der derzeitigen Führungsorganisation(en) zur Wahrnehmung dieser Aufgaben vor?
- Welche Limitationen und Risiken ergeben sich aus der Unternehmenskultur (corporate heritage) bei der Neudefinition der Rolle des Corporate Centers?
- Welche Steuerungs- und Führungsinstrumente sind zu implementieren, damit die Führungsorganisation ihre neue Rolle auch tatsächlich wahrnehmen kann?
- Durch welchen Prozess kann sichergestellt werden, dass die mit der Integration verfolgten finanziellen Ziele in die strategische Planung und das neue Budget des gemeinsamen Unternehmens Einzug halten?
- Welche Übergangslösungen und Hilfsbrücken sind erforderlich, um auch in der Übergangsphase ein Minimal-Reporting zu ermöglichen, einen Blindflug des Integrationsmanagements zu vermeiden und die Zielerreichung kontrollieren zu können?

3. Schritt: Führungsmannschaft besetzen!

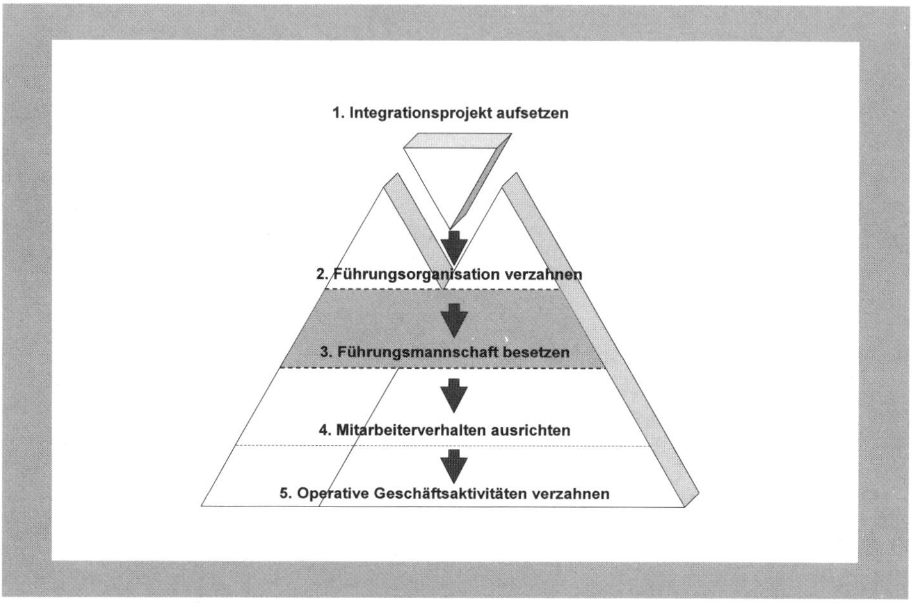

Abb. 23: Integration Excellence – Der dritte Schritt

Top Performer stellen die Benennung des Top Managements nicht an die oberste Stelle

Top Performer unterscheiden sich in punkto Bewertung und Benennung des Managements kaum von den anderen. Ihr Hauptaugenmerk liegt auf den Aktivitäten, die im Zusammenhang mit dem Transfer von Führungskräften stehen. Sind die Maßnahmen doch im Schnitt 60 Prozent intensiver. Desweiteren greifen die Besten deutlich stärker zu Maßnahmen, die auf die Bindung von Kernmitarbeitern abzielen; mit einem Wert von 53 Prozent liegen sie dabei deutlich über dem Durchschnitt.

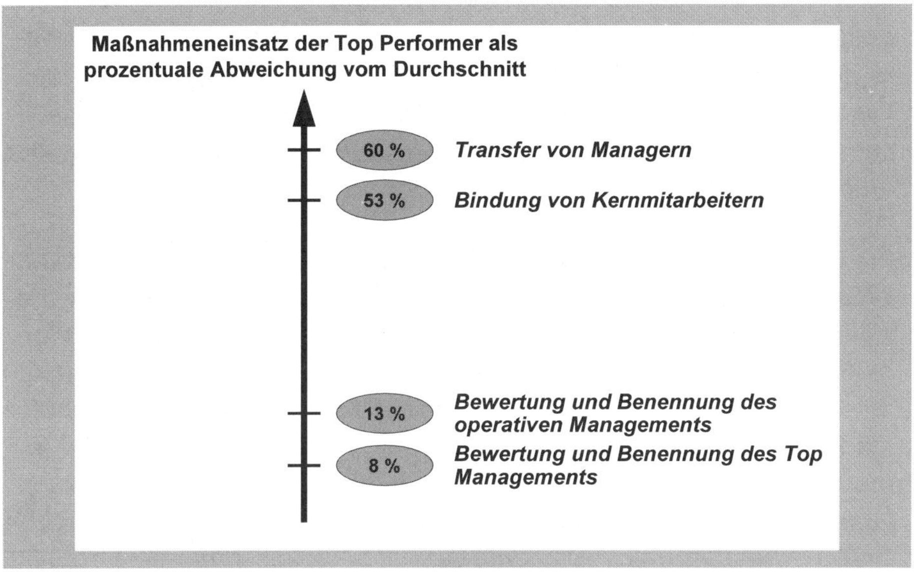

Abb. 24: Maßnahmen zur Verzahnung der Führungsmannschaft

Natürlich führen auch Top Performer vor der personellen Besetzung der Führungspositionen einen Auswahlprozess durch. Allerdings reduzieren sie die Verzahnung der Führungsmannschaft nicht nur auf diesen Bewertungs- und Auswahlprozess, sondern ergreifen zusätzlich flankierende Maßnahmen. Hierzu zählt insbesondere der Transfer ausgewählter Führungskräfte über die ehemaligen Unternehmensgrenzen hinweg. Sie stellen damit sicher, dass eine wechselseitige Verzahnung auf Ebene des Managements stattfindet. Auch hinsichtlich der Bedeutung von Kernmitarbeitern für den Erfolg der Integration und des neuen Unternehmens belassen es Top Performer nicht bei Lippenbekenntnissen. Vielmehr ergreifen sie Maßnahmen, um Leistungsträger in Zeiten der Unruhe und der Veränderung an das Unternehmen zu binden.

„Die Benennung des Top Management stellt einen sehr aufwändigen Prozess dar, wie das Beispiel der Fusion von ***ASEA*** *und* ***BBC*** *zeigt: Während dieser Zeit habe ich ungefähr mit 500 Kandidaten gesprochen, von denen ich 250 nicht kannte. Wir hatten drei Monate Zeit, und das waren stressige Wochen. Komplizierter wurde das Ganz dadurch, dass die Manager von BBC nicht unbedingt die gleichen Werte hatten wie wir. Dadurch sprachen immer mindestens drei Manager mit einem Kandidaten.*

Für einen erfolgreichen Prozess mussten wir mit unserer ersten Wahl eine hohe Trefferquote erreichen. Eine Fehlbesetzung konnte ziemlichen Schaden anrichten. Ich sagte mir: „Wenn ich je in meinem Leben wie ein Berserker arbeiten muss, dann jetzt. Ich kannte zwar die Manager von ASEA, aber die Manager von BBC konnte ich nicht so gut einschätzen. Oft wäre es einfacher gewesen, jemanden von ASEA auszuwählen, weil ich mich auf deren Leistung verlassen konnte. Aber das ging natürlich nicht. Ich musste oft das Risiko eingehen, mich für Leute zu entscheiden, ohne deren Leistungen beurteilen zu können.

Im Oktober stand dann fest, wer zu den „Gewinnern" bzw. „Verlierern" gehörte. Die 300 Top-Positionen waren besetzt, inklusive der Ländermanager, der Leiter der globalen Geschäftsgebiete, der zentralen Personalchefs und der nächsttieferen Hierarchieebene."

Percy Barnevik,
ehemaliger CEO von ABB

(Quelle: K. Barham/C. Heimer, ABB – Der tanzende Riese, Wiesbaden 1999, S. 100)

Top Performer wissen um die Komplexität des Auswahlverfahrens

Die geplante, aber dann doch gescheiterte Fusion der beiden Spezialitätenchemie-Konzerne **Clariant** und **Ciba SC** im Jahre 1998 zeigt die Schwierigkeiten bei der Benennung von Führungskräften.

„Hermann Vodicka (Ciba) und Karl-Gerhard Seifert (Clariant), die beiden bisherigen Konzernchefs scheiden aus dem neuen Unternehmen aus. „Es sei keinem von ihnen möglich gewesen unter dem anderen zu arbeiten." Die rechtzeitige Entscheidung im Hinblick auf die Benennung der entscheidenden Führungskräfte sollte verhindern, dass der Integrationsprozess vor dem Hintergrund kulturinduzierter Konflikte scheitert."

(Quelle: www.onlinereports.ch/clariantFusion.html; Aufruf vom 22.05.2003)

Zur Benennung der Führungskräfte muss das Integrationsmanagement einen komplexen Auswahlprozess aufsetzen und steuern, der das gesamte Unternehmen kaskadierend durchläuft. Dabei werden zunächst die Mitglieder des neuen Top-Management Teams, d. h. der Geschäftsleitung bzw. des Vorstandes, benannt. Dieses neue Top-Management wählt anschließend seinerseits die Führungskräfte auf der nächstniedrigeren Hierarchiestufe aus, bis schließlich alle Stufen durchlaufen sind.

Bei der Auswahl und Benennung der neuen Führungsmannschaft muss das Integrationsmanagement darauf achten, dass Prozesse und angewandte Auswahlkriterien von der Organisation als fair betrachtet werden. Andernfalls wird die personelle Besetzung von den Organisationsmitgliedern weder anerkannt noch mitgetragen. Ohne die notwendige Zeit für die Abwicklung dieses Prozesses besteht leicht die Gefahr, dass die neu benannten Führungskräfte auf massiven Widerstand stoßen und mittelfristig scheitern.

Doch auch das Gegenteil kann schädlich sein. Lässt sich das Integrationsmanagement zuviel Zeit mit der Benennung der neuen Führungskräfte, kann der gesamte Integrationsprozess ins Stocken geraten. Denn Dynamik gewinnt die Umsetzung der Integration erst, wenn das neue Management-Team operativ am Ruder steht. Die Aufgabe erfordert vom Integrationsmanagement daher ein gewisses Fingerspitzengefühl für das richtige Tempo.

Die Benennung der Führungskräfte erfolgt im Rahmen eines Auswahlprocederes, das sorgfältig zu entwickeln ist. Denn meist besitzt es auch Präzedenzcharakter für zukünftige – nicht mehr primär vom Integrationsmotiv getragene – Führungskräfteauswahlprozesse. Daher ist darauf zu achten, dass:

- eine konzern-(welt-)weite Vergleichbarkeit der Führungspositionen sichergestellt ist,
- es zu einer durchgängig einheitlichen Anwendung der gesetzten Auswahlkriterien kommt,
- die Kriterien einleuchtend sind und sie vom beurteilenden und auswählenden Management auch im Hinblick auf die Unternehmensziele akzeptiert werden und
- die Kriterien nicht in Widerspruch zur am Markt existenten Vergütungspraxis stehen.

Ein gelungenes Beispiel einer Verzahnung der Führungsstrukturen liefert die Zusammensetzung des erweiterten Europavorstandes von **Vodafone AirTouch** *(Stand: Dezember 2000):*

Aus Deutschland:

- *Thomas Nowak, Mannesmann*
- *Georg Denoke, Mannesmann Telecommerce*
- *Jürgen v. Kuczkowski, D2*
- *Friedrich Jonssen, D2*
- *Albert Weismüller, D2*
- *Thomas Geitner, Vodafone*
- *David Haines, Vodafone*
- *Harald Stöber, Arcor*

Aus Großbritannien:

- *Julian Horn-Smith, Vodafone, Großbritannien*
- *Andre Thomas, Vodafone*
- *Ian Maxwell, Vodafone*
- *David Brougham, Vodafone*
- *Nick Godwin, Vodafone*
- *Jeremy Forward, Vodafone*
- *Michael Pitt, Vodafone*
- *Hans Kuropatwa, Vodafone*
- *Evan Newmark, Vizzavi*

Aus Schweden:

- *Jon Risfelt, Europolitan*

Aus Spanien:

- *Ignacio S. Galán, Airtel*

Aus Italien:

- *Vittorio Colao, Omnitel*

Aus den Niederlanden:

- *John de Wit, Litbertel*

Aus Griechenland

- *George Koronias, Panafon*

Aus Portugal:

- *Antonio Carapatoso, Telecel*

(Quelle: Wirtschaftswoche vom 21.12.2000)

Top Performer nutzen Management-Transfers gezielt zur personellen Verzahnung

Management-Transfers stellen einen Eckpfeiler dessen dar, was Integration Excellence im Kern ausmacht. Denn Spitzenunternehmen ergreifen beim Transfer von Top Managern um 64 Prozent höhere Aktivitäten und beim Transfer von Middle Managern um 60 Prozent höhere Aktivitäten als der Durchschnitt der Unternehmen.

Spitzenunternehmen transferieren ganz gezielt Manager über ehemalige Firmengrenzen hinweg, um so die personelle Heranführung beider Unternehmen zu fördern. Was sich relativ simpel anhört, birgt allerdings Sprengstoff. Durch die unmoderierte Entsendung von Führungskräften kann auf Seiten des erworbenen Unternehmens schnell der Eindruck einer feindlichen Übernahme entstehen. Dieser Aspekt kommt bei Cross-Border Merger häufig zum Tragen.

Genau in dieser Situation vermeiden Top Performer eine Raubzugmentalität und gehen mit Feingefühl an den Management-Transfer. Insbesondere ist, in Abhängigkeit vom jeweiligen Einzelfall, das Ausmaß zu variieren, in dem die entsandten Manager operative Verantwortung im erworbenen Unternehmen übernehmen. Unternehmenskulturelle Eigenheiten gilt es hier besonders zu berücksichtigen. Mitunter kann ein Coaching sinnvoll sein, bei dem die entsandte Führungskraft lediglich beratende Funktion hat. Die operative Verantwortung hingegen bleibt weitestgehend in den Händen der angestammten Mannschaft.

Dieser Coaching-Ansatz findet allerdings bei finanziell angeschlagenen Unternehmen schnell seine natürlichen Grenzen. Denn müssen im erworbenen Unternehmen umfassende Restrukturierungsmaßnahmen ergriffen werden, ist Coaching nur bedingt hilfreich, insbesondere, wenn die desolate finanzielle Situation Folge von Missmanagement der alten Führungsmannschaft ist. In solchen Fällen muss das entsandte Management selbst ans Ruder, also umfassend operative Verantwortung übernehmen, wenn die Restrukturierungsmaßnahmen tatsächlich greifen sollen. In diesen Fällen wird gerne auch von Torpedos gesprochen, die gewissermaßen in die Organisation eingeschossen werden, um die Leistungsfähigkeit des erworbenen Unternehmens nachhaltig zu steigern.

Der folgende Beitrag der Los Angeles Times über das Akquisitionsverhalten deutscher Unternehmen liefert ein Beispiel für Probleme, die bei einem „Cross-border Merger" von einer emotionalisierten Öffentlichkeit ausgehen können.

*„**Bertelsmann's** aggressive move continues a trend of German companies' forging into American markets, such as **Daimler-Benz's** of **Chrysler** and **Deutsche Bank's** acquisition of **Bankers Trust Corp**. All of these deals rocked the financial world, but Bertelsmann has not bought just another big company. It owns a major piece of America's cultural patrimony, with contemporary authors ranging from Norman Mailer and Toni Morrison to John Grisham and Michal Crichton, along with classic works by international giants such as William Faulkner, Thomas Mann and Marcel Proust."*

(Quelle: Los Angeles Times vom 24.01.1999)

Top Performer analysieren sehr genau, welche Art von Entsendungspolitik im Einzelfall angebracht und erforderlich ist. Dabei setzen sie nicht nur auf den Transfer von Top-Managern, sondern entsenden ganz bewusst auch Führungskräfte auf mittlerer Führungsebene, denn nur so kann auch auf operativer Ebene ein gezielter Know-how Transfer stattfinden; mitunter die entscheidende Voraussetzung für die Implementierung der angestrebten Synergieziele. Allerdings: Auch Top Performer sind beim Entsenden von Führungskräften nicht frei von Restriktionen, denn das Potenzial an Managern, die für eine Entsendung in Frage kommen, ist in jeder

Firma begrenzt. Die Frage, ob und in welchem Umfang auf Managementtransfers zurückgegriffen werden kann, hängt damit umfassend von dem vorhandenen Managementpotenzial ab.

Das Fallbeispiel **NEC** zeigt allerdings die pragmatischen Schwierigkeiten, die mit Managementtransfers oftmals verbunden sind:

„When we go abroad to set up joint ventures or to acquire companies, we send some Japanese staff to manage the local personnel. But of course, the first handicap we Japanese face abroad is the language. Secondly, I am afraid that 99 percent of the Japanese we send abroad come back to Tokyo as soon as they can. They feel safe in Japan and they do not want to face any trouble abroad. Another reason is that Japanese people don't want to be far away from their Tokyo headquarters because they see it as important to be close by for career promotions and things like that. But, in my experience, managers should stay abroad not two years but ten years. If you go somewhere for one or two years, you are still quite innocent and a stranger."

Iwane Takahara
Counselor Member of the board, NEC Logistics

(Quelle: P. Morosini, Managing cross-cultural M & As: Today's organizational imperative is how to win in execution, in: Jansen, S.; Picot, G.; Schiereck, D. (Hrsg.), Internationales Fusionsmanagement, Stuttgart 2001, S. 147)

Top Performer zielen bei Management-Transfers auf Wissenstransfers

Die Studienergebnisse zeigen: Top Performer befassen sich besonders intensiv mit dem Transfer von Top- und Middle Managern. Der Grund: Der Transfer ausgewählter Manager dient dazu, implizites Wissen zu explizieren. D.h. man versucht Wissen, welches an bestimmte Personen gebunden ist, zum Wissen der Unternehmung zu machen. Im Fall der Fusion/Akquisition stellt dies eine besondere Herausforderung dar. Man wird wesentlich eher bereit sein, einem Mitarbeiter/Kollegen, den man „kennt", d. h. mit dem man zusammenarbeitet, spezifisches Wissen mitzuteilen als man dies beispielsweise im Rahmen anonymer Reportings tun würde. Hinzu kommt, dass sich bei der Interaktion von Personen ein spezifischer Wissensinhalt wesentlich besser im Rahmen eines „Frage- und Antwortspiels" erschließen lässt. Einseitig strukturierte Reportingsysteme sind hier meist im Nachteil, da sie nur so gut sind, wie ihre Informationsnachfragekategorien. Spezifische Eigenheiten des Partnerunternehmens drohen dabei unterzugehen. Top Performer sind sich dieser Problematik bewusst und entsenden deshalb zusätzlich verstärkt Middle Manager von einem Unternehmen zum anderen.

Aber auch hier ist Vorsicht geboten. Wird der entsandte Manager eher als Kontrolleur oder Statthalter des (vermeintlichen) Siegers empfunden, so lassen sich die positiven Effekte im Hinblick auf den Wissenstransfer nur schwer nutzen. Insofern darf das Entsendemanagement keine Einbahnstraße sein. Dies gilt insbesondere im Fall einer hohen Integrationstiefe. Top Performer eröffnen Möglichkeiten des gegenseitigen Personaltransfers. Der Transfer von Middle Managern soll keine Demotivation zur Folge haben, sondern einen entscheidenden Beitrag zum Wissenstransfer leisten. Dies gelingt aber nur, wenn nicht gemauert wird. Jede Seite – vor allem gilt dies für die engagierten und hoch motivierten Wissensträger im Unternehmen – muss die Integration auch als Chance ansehen im Hinblick auf das eigene Karrierestreben. Insofern ist die Zweibahnstraße beim Entsendemanagement ein zentraler Erfolgsbaustein des Integrationsmanagements der Top Performer.

Top Performer binden Kernmitarbeiter wirksam an das Unternehmen – nicht nur mit Geld

Einen besonderen Schwerpunkt legen Top Performer auf Maßnahmen zur Bindung von Kernmitarbeitern an das Unternehmen. Das hierbei ergriffene Engagement der Top Performer ist um 53 Prozent höher als das der Durchschnittsunternehmen.

Top Performer finden sich nicht damit ab, dass Leistungsträger bei Fusionen und Akquisitionen besonders gefährdet sind. Der Hintergrund: Die Ankündigung von Firmenzusammenschlüssen ist vielfach der Startschuss für Headhunter zur Abwerbung von Leistungsträgern, die in eine vermeintlich ungewisse Zukunft marschieren. Top Performer binden Leistungsträger rechtzeitig an das Unternehmen, selbst wenn Head Hunter oder Wettbewerber mit äußerst attraktiven Angeboten locken.

Natürlich spielt Geld eine nicht unbeachtliche Rolle. Allerdings beschränken sich Top Performer nicht darauf, den Leistungsträgern im Unternehmen goldene Handschellen anzulegen. Materielle Anreize alleine greifen vielfach einfach zu kurz, da sie nur einen – und oftmals eben nicht den entscheidenden – Teil der Motivationsstruktur von High Potentials adressieren. Dieser Effekt gerät unter dem Schlagwort „Crowding-out“ zunehmend ins Visier von Integrationsmanagern. Derzeitige Quintessenz: Wenn Individuen über eine eigene Motivation verfügen, können materielle Anreize diese auch zerstören.

Geld ist also nicht immer das Allheilmittel zur Personalbindung, die immateriellen Anreize spielen eine mindestens ebenso bedeutende Rolle, wenn Leistungsträger langfristig an das Unternehmen gebunden werden sollen. Die Gefahr ist ohnehin groß, dass Mitarbeiter, die nur über Geld an das Unternehmen gebunden werden können, das Unternehmen mittelfristig verlassen.

Crowding-Out – Wenn Geld die Motivation raubt

„Die Worte wirkten motivierend. Von der Bedeutung der Spenden, die sie sammeln sollten, sprach der Versuchsleiter vor den 16-jährigen Israelis. Von dem Dank, den die Gesellschaft ihnen entgegenbringen werde, wenn die Höhe der Spende neben den Namen der Sammler veröffentlicht würde. Derart angespornt kamen die Schüler im Schnitt mit fast 240 Schekel von den Haussammlungen zurück – und hoben sich damit deutlich ab von den anderen beiden Gruppen von Spendensammlern. Die kamen im Schnitt nur auf 220 beziehungsweise 154 Schekel. Sie waren nicht mit Worten motiviert worden, sondern mit Geld: Für das Sammeln waren ihnen zehn Prozent beziehungsweise ein Prozent der Spendesumme versprochen worden. (...) So experimentierten Gneezy und Rustichini mit Geldstrafen für Eltern, die ihre Kinder zu spät aus dem Hort abholten. Theoretisch hätte die Strafe von zehn Schekel für die Eltern ein Anreiz sein müssen, pünktlich zu erscheinen. In der Praxis kamen doppelt so viele Eltern zu spät wie zuvor. Die Erklärung der Ökonomen: Die Eltern hatten kein schlechtes Gewissen, ihre Kinder zu spät abzuholen, schließlich bezahlten sie Geld. Ihre innere Motivation, den Betreuerinnen zu einem pünktlichen Feierabend zu verhelfen, war zerstört“

(Quelle: Wirtschaftswoche vom 2.5.2002)

Dabei gilt es, den High-Potentials konkrete und klare Perspektiven aufzuzeigen und ihnen ihre zukünftige Rolle im neuen Unternehmen zu verdeutlichen. Stichwort proaktive Karriereplanung.

Nicht zuletzt die aktive Einbindung in den Integrationsprozess kann die Bindung von Mitarbeitern an das Unternehmen stärken. So wird insbesondere auch vielversprechenden Nachwuchsmanagern durch die Mitarbeit in den Integrationsteams die Möglichkeit geboten, das neue Unternehmen und ihren zukünftigen Arbeitsplatz mitzugestalten. Nur durch aktives Einbinden und Aufzeigen klarer Perspektiven werden aus Betroffenen Beteiligte und Kernmitarbeiter wirkungsvoll an das Unternehmen gebunden. Allerdings gilt hierbei auch: man kann es nicht allen Leuten recht machen. Im Klartext: das Integrationsmanagement muss ganz bewusst den Schlussstrich bei Führungskräften ziehen, die die Integration par tout nicht unterstützen wollen.

Top Performer zollen der personellen Besetzung des operativen Managements große Beachtung

Die Behauptung, Top Performer unterschieden sich nur unwesentlich bei der Benennung des operativen Middle-Managements vom Durchschnitt, ist nur auf den ersten Blick richtig. Vielmehr ist es so, dass Spitzenunternehmen nicht bei der strukturierten Besetzung von Top-Positionen haltmachen, sondern auch bei der Auswahl und Benennung des operativen Managements auf strukturierte Prozesse setzen. An Stelle eines personalpolitischen Kuddelmuddels setzen Top Performer auch hier transparente Kriterien zur Bewertung und Auswahl operativer Leistungsträger ein. Andernfalls wird möglicherweise viel Porzellan zerschlagen und das Klima auf Jahre hinaus vergiftet. Denn vielfach verfügt man auf operativer Ebene weder über die notwendigen Fähigkeiten noch über das erforderliche Fingerspitzengefühl für die erfolgreiche Personalauswahl. Wird der Auswahlprozess an dieser Stelle dem freien Spiel der Kräfte überlassen, gerät das Unternehmen schnell in negatives Fahrwasser und alte Seilschaften erhalten den Vorzug. Die Folge: Nachwuchsmanager, insbesondere des erworbenen Unternehmens, werden übergangen und der kompetente Mitarbeiter kommt eher zufällig auf den passenden Job. Top Performer gehen dieses Risiko nicht ein. Sie verlängern den kaskadenartigen Bewertungsprozess hinunter bis auf die operativen Einheiten und stellen ausreichend Ressourcen zur Verfügung. Durch die gezielte Personalauswahl auf der operativen Ebene stellen sie sicher, dass ehemalige Fronten zwischen den Unternehmen aufweichen und ein neues Wir-Gefühl entstehen kann. Und noch etwas zählt: ein strukturierter und für die Mitarbeiter transparenter Auswahlprozess hilft Top Performern auch unpopuläre Personalentscheidungen zu verargumentieren und gegenüber den Organisationsmitgliedern berechtigt zu vertreten.

„Einer der ersten Schritte war die Auswahl neuer Top-Manager. Barnevik und Thomas Gasser wählten zehn ‚interne Berater' aus ***ASEAs*** *und* ***BBCs*** *bestehendem Management aus – ‚Superstars, die besten und cleversten.' Sie hatten sechs Wochen Zeit, einen Restrukturierungsplan – ‚Manhattan Project' genannt – auszuarbeiten. Das Team stellte sein Konzept innerhalb der vorgegebenen Frist vor und wurde anschließend neben Barnevik und Gasser zur Konzernleitung ernannt, wobei jedem Mitglied klar definierte Verantwortungsbereiche zugewiesen wurden."*

(Quelle: K. Barham/C. Heimer, ABB – Der tanzende Riese, Wiesbaden 1999, S. 89 f.)

FAZIT: **Top Performer reduzieren die Verzahnung der Führungsmannschaft nicht alleine auf die Benennung des neuen Managementteams, sondern ergreifen zusätzliche Maßnahmen, um ausgewählte Führungskräfte über die alten Unternehmensgrenzen hinweg zu transferieren. Darüber hinaus ergreifen Spitzenunternehmen zielgerichtet zusätzliche Maßnahmen, um Kernmitarbeiter wirkungsvoll an das neue Unternehmen zu binden!**

Kernfragen: 3. Führungsmannschaft besetzen

- Wie können Leistungsträger auf Seiten des erworbenen Unternehmens frühzeitig identifiziert und gezielt mit spezifischen Maßnahmen an das Unternehmen gebunden werden?
- Welche monetären und vor allem nicht-monetären Anreize werden Leistungsträgern hierbei angeboten?
- Welche Kernmitarbeiter müssen über die ehemaligen Unternehmensgrenzen hinweg transferiert werden, um einen reibungslosen Transfer von Know-how zu ermöglichen? Welche Transfers sind zur Stabilisierung des operativen Geschäftes nötig?
- Nach welchen Kriterien und mit welchem Prozess kann sichergestellt werden, dass die Auswahl des neuen Managements von der Organisation als fair wahrgenommen und das Ergebnis von den Mitarbeitern akzeptiert und mitgetragen wird? Wer kommuniziert wann die Ergebnisse des Auswahlprozess?
- Welche Maßnahmen zur Bindung von Kernmitarbeitern müssen zu welchem Zeitpunkt ergriffen werden?
- Welche unterstützenden Maßnahmen werden Mitarbeitern angeboten, die aus dem Unternehmen ausscheiden müssen?
- Bis zu welchem Zeitpunkt sollen welche Management-Ebenen personell besetzt werden? Wie werden die Entscheidungen sowohl intern als auch extern kommuniziert?
- Wer/welche Gruppe ist für die Benennung der Führungskräfte auf den unterschiedlichen Führungsebenen verantwortlich?

Fallbeispiel: Deutsche Telekom AG

Cross-Border-Mergers: Konsequente Personalpolitik führt zum Erfolg

Die Deutsche Telekom AG hat in den vergangenen Jahren zahlreiche Telekommunikationsunternehmen in den osteuropäischen Schwellenländern gekauft. Walter Beforth, Leiter New Business Development, International Business bei der Festnetzsparte T-Com, zum Thema länderübergreifende Integrationen.

Welche Erfahrungen haben Sie bei der Akquisition und Integration von Beteiligungen der Deutschen Telekom in Osteuropa gemacht?

Generell möchte ich unterscheiden zwischen der Akquisition von Anteilen an einem Telekommunikations-Unternehmen, das bis dahin in staatlichem Eigentum lag, und der Akquisition einer Lizenz gemeinsam mit anderen Unternehmen. Die Deutsche Telekom hat in Osteuropa beide Wege mit großem Erfolg beschritten. In Ungarn, in Kroatien und in der Slowakei haben wir die Chance erhalten, unsere Erfahrungen mit der Privatisierung der Deutschen Telekom einzubringen. Nachdem diese Länder sich entschieden hatten, ihre bis dahin staatlichen Unternehmen zu privatisieren, wurde ein kompetenter Partner gesucht. Als wir den Zuschlag bekamen, war für uns klar, dass wir die Management-Kontrolle bekommen, um unsere Vorstellungen auch durchsetzen zu können.

Gibt es wesentliche Unterschiede zwischen nationalen und Cross-Border-Akquisitionen?

Prinzipiell müssen bei einer länderübergreifenden Akquisition dieselben Dinge beachten werden, wie bei jeder anderen auch. Die Aufmerksamkeit des Managements muss in allen Phasen des Prozesses gleich hoch sein – ganz gleich, ob Sie Anteile an einem Großunternehmen oder einem kleineren übernehmen. In der Angebotsphase müssen die Teams richtig zusammengesetzt sein: Ein Akquisitionsteam aus führenden Mitarbeitern der Deutschen Telekom muss die Geschäftsidee umfassend erklären können. Nach dem Erwerb muss dasselbe Team für die Integration verantwortlich zeichnen. Diese Kontinuität ist nach unserem Dafürhalten entscheidend. Im Rahmen eines Post-Merger-Integration-Audits wird abschließend die Zielerreichung überprüft. Hier stehen die in der Due Diligence erhobenen Synergien und Kostensenkungspotenziale sowie die aufgesetzten Prozesse im Mittelpunkt. Dieses systematische Vorgehen hat sich bei der Deutschen Telekom bewährt.

Was können Sie über Ihre Integrationserfahrungen sagen?

Lassen Sie mich diese am Beispiel Mobilfunk erläutern. Für uns steht die Integration von Beteiligungen stark unter dem Aspekt: welchen Mehrwert können wir unseren Kunden bieten? Besonders im Mobilfunk heißt die Devise „Follow your customer". Unsere Kunden sind mobil und möchten in möglichst vielen Ländern identische Features im Mobilfunk haben. Dies heißt, sie wollen in Ungarn dieselben Möglichkeiten haben, zu einem günstigen Tarif anzurufen und angerufen zu werden. Für diese Services ist es notwendig, dass die Techniker eng zusammenarbeiten. Die Chief Technical Officers sind daher diejenigen, die über bestimmte Gremien sehr eng und kooperativ zusammensitzen. Sie stimmen sich über internationale Dienste ab und arbeiten an neuen Technologien und Produkten. Die Finanzleute kooperieren ebenfalls sehr stark, indem sie gemeinsam notwendige und sinnvolle Investitionen verabreden. Die Einkäufer arbeiten eng zusammen, um gemeinsam Ausschreibungen und den Einkauf von Technologien vorzunehmen.

Erfolgskritisch sind für uns im Rahmen von Integrationen Personalmaßnahmen und Strukturen, denn wir wollen uns auf Loyalitäten und eindeutige Berichtswege verlassen können. Gerne setzen wir daher einen deutschen CFO und COO ein. Der CEO kommt in der Regel aus dem Heimatland der akquirierten Gesellschaft, denn er kennt das Land und das Umfeld sehr genau. Mit diesem Ansatz haben wir gute Erfahrungen gemacht.

4. Schritt: Mitarbeiterverhalten ausrichten!

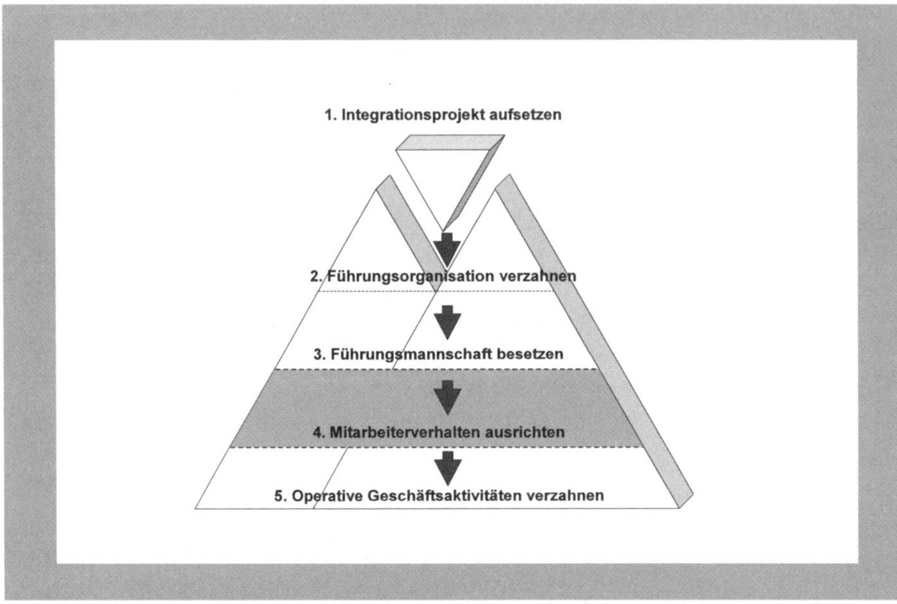

Abb. 25: Integration Excellence – Der vierte Schritt

„Während es im Vorfeld zunächst darauf ankam, die Vorteile der Fusion als ‚große Story' an die Mitarbeiterinnen und Mitarbeiter sowie an die Öffentlichkeit zu kommunizieren, zielt die interne Kommunikation nach Abschluss der Fusion auf (...):

- *Transparenz im Vorgehen zu vermitteln (....),*
- *Ein Bewusstsein für das Momentum der Veränderung zu schaffen."*

Christoph Walters, Leiter des Bereiches Kommunikation, DaimlerChrysler AG

(Quelle: Johanssen, K.-P.; Steger, U., Lokal oder Global?, Frankfurt a. M. 2001, S. 180)

Top Performer belassen es nicht bei der bloßen Formulierung einer neuen Vision

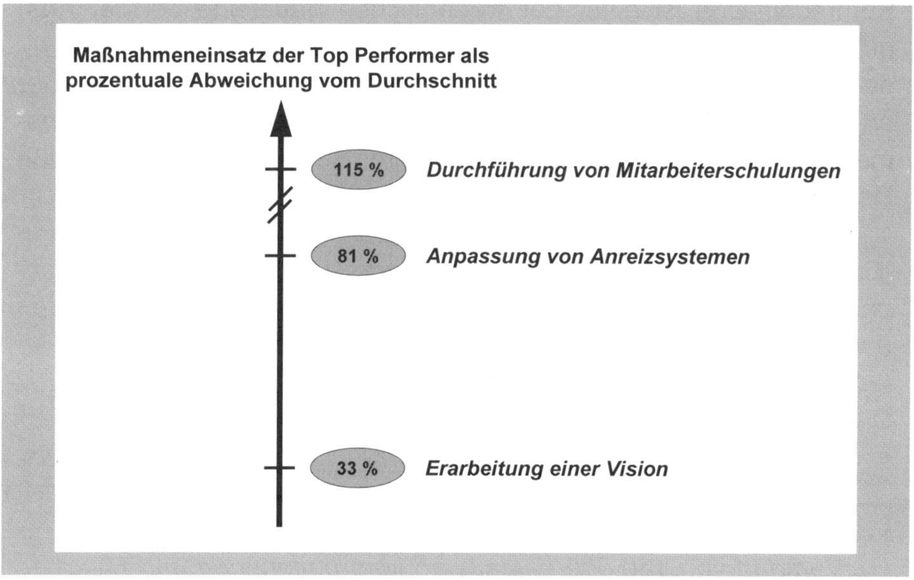

Abb. 26: Maßnahmen zur Ausrichtung des Mitarbeiterverhaltens

Top Performer lassen ihre Mitarbeiter nicht mit der neuen Unternehmensvision allein, sondern unterstützen sie durch flankierende Maßnahmen bei der Umsetzung der Vision. Denn diese Unternehmen haben verstanden: Eine Vielzahl der Mitarbeiter verfügt zumeist nicht über die Fähigkeiten und Antriebsstärke, die Vision tatsächlich mit Leben zu füllen. Sie verlassen sich nicht allein darauf, eine prägnante und zukunftsorientierte Unternehmensvision zu formulieren. Vielmehr machen sie ihre Mitarbeiter durch zielgerichtete Schulungsmaßnahmen für die Bewältigung der Integrationsherausforderung „fit". Doch ihre Bemühungen enden nicht allein bei der Befähigung der Mitarbeiter zur Integration. Um auch die Motivation der Mitarbeiter für die proaktive Unterstützung der Integrationsbemühungen zu gewinnen, passen sie ihre Anreizsysteme den integrationsspezifischen Anforderungen an. Top Performer belohnen bzw. bestrafen ganz gezielt und ermutigen so zu integrationskonformem Verhalten. Diese Spitzenunternehmen stellen damit sicher, dass Mitarbeiter über die erforderlichen Fähigkeiten verfügen und diese tatsächlich im Sinne der Integration einsetzen.

Kommunikation ist einer der wesentlichen Bausteine bei der Ausrichtung des Mitarbeiterverhaltens. Absolut schädlich sind dabei widersprüchliche Informationen – sowohl intern als auch extern. Der enorme Koordinationsbedarf, der dabei auf das Kommunikationsmanagement zukommt, lässt sich am Beispiel der Fusion von **Daimler Benz** und **Chrysler** verdeutlichen:

„Das in dieser [ersten] Phase entworfene ‚Corporate Communication Program' (CCP) sollte die gesamte Kommunikation koordinieren und maßgeschneiderte Botschaften für jede Interessengruppe festlegen.
Die wesentlichen Maßnahmen waren:

- *weltweite, zeitgleiche Information von mehr als 600 Journalisten,*
- *über 30 Interviews von Jürgen Schrempp und Bob Eaton,*
- *Versand von 140.000 E-Mails an Mitarbeiterinnen und Mitarbeiter,*
- *Übertragung der Pressekonferenz via DC-TC (DaimlerChrysler TV) für 30.000 Mitarbeiterinnen und Mitarbeiter,*
- *Analystentreffen in Frankfurt am Main und New York,*
- *persönliche Information von Politikern und Geschäftspartnern durch die beiden Vorstandsvorsitzenden."*

C. Walther,
Leiter des Bereichs Kommunikation der DaimlerChrysler AG

(Quelle: K.-P. Johanssen/U. Steger, Lokal oder Global?, Frankfurt 2001, S. 177)

Kommunikative Mythen bei Integrationen

Untenstehende Aussagen zum Thema Kommunikation bei Integrationen ist unsere Top Six Liste kommunikativer Klischees. Denn sie sind der Integration alles andere als zuträglich und für Top Performer ein deutliches Alarmsignal, dass das Kommunikationsmanagement nicht stimmt:

#1: *„We want to wait until we are ready before we communicate!"*

#2: *„We are not communicating because we have not said anything yet!"*

#3: *„We do not need to communicate there is nothing new!"*

#4: *„We have addressed this a number of times, so we are done!"*

#5: *„The only people we need to be concerned about are the ones who are participating now!"*

#6: *„It may have taken us months to figure this out, but you can get it by attending a presentation!"*

Top Performer wissen um die Notwendigkeit von Mitarbeiterschulungen

Oftmals ist es der Mangel an Fähigkeiten, der Mitarbeiter trotz ausreichender Motivation darin hindert, Integrationen proaktiv zu unterstützen. Der Wille zur Umsetzung der Integration findet gewissermaßen im Mitarbeiter selbst seine Grenzen. Die Praxis zeigt, dass das Integrationsmanagement vor allem mit zwei verschiedenen Arten solcher „Fähigkeitsbarrieren" zu kämpfen hat:

- Integrationsspezifische Fähigkeitsbarrieren:
  Diese Barrieren resultieren in erster Linie aus der enormen Komplexität der Integrationsaufgaben. So haben Mitarbeiter häufig Schwierigkeiten damit, Wertschöpfungsketten bzw. Geschäftsprozesse zu beschreiben und gemäß des strategischen Imperativs neu zu gestalten. Wie unsere Untersuchung bei über 120 Unternehmen zeigt, sind Defizite bei den integrationsspezifischen Fähigkeiten häufig anzutreffen: In 40 Prozent aller Fälle besitzen die Mitarbeiter nicht ausreichende Fähigkeiten, integrationsspezifische Aufgabenstellungen ohne größere Schwierigkeiten umsetzen zu können.

- Fachspezifische Fähigkeitsbarrieren:
  Ein Defizit fachspezifischer Fähigkeiten kann z. B. durch neue Arbeitsabläufe oder neue marktseitige Anforderungen als Folge integrationsbedingter Änderungen verursacht werden. Sollen etwa die Produkte des Erwerbers im Sinne eines Cross-Selling über die Vertriebsorganisation des erworbenen Unternehmens in den Markt gebracht werden, sind in der Regel umfangreiche Produkt- und Vertriebsschulungen erforderlich. Unterbleiben unterstützende Maßnahmen, können fehlende Fachkenntnisse dazu führen, dass die angestrebten Synergien nicht realisiert werden. Ähnlich kann auch ein von dem Erwerber „übergestülptes" EDV-System Mitarbeiter im operativen Tagesgeschäft vor ungeahnte Schwierigkeiten stellen. Auch hier sprechen die Ergebnisse unserer Untersuchung eine eindeutige Sprache: In 30 Prozent aller Fälle haben Mitarbeiter Schwierigkeiten bei der Bewältigung fachspezifischer Aufgabenstellungen infolge der Post Merger Integration.

Die **Daimler-Chrysler**-Ehe liefert ein Negativbeispiel, dem man mit Cultural Counseling hätte zu Leibe rücken können:

„Ich schätze aber, dass einige nur deshalb auf die Übersetzung verzichten, weil es ihnen peinlich gewesen wäre."

Jürgen Schrempp,
Vorstandsvorsitzender der DaimlerChrysler AG

(Quelle: Wirtschaftswoche vom 14.01.1999)

Top Performer machen ihre Mitarbeiter für die Integration fit

Spitzenunternehmen machen ihre Mitarbeiter mithilfe von Schulungen fit für den Integrationsmarathon: Im Vergleich liegen sie um 115 Prozent über dem Durchschnitt. Dieser Wert ist der größte Unterschied zwischen Top Performern und dem Durchschnitt der Unternehmen in der gesamten Studie.

Top Performer setzen Mitarbeiterschulungen sehr gezielt ein, um Fähigkeitsdefiziten vorzubeugen. Die erforderlichen Schulungsinhalte und der notwendige Umfang von Mitarbeiterschulungen richten sich grundsätzlich danach, in welchen Bereichen Fähigkeitsdefizite bestehen. Natürlich kann es nicht Ziel sein, die Integration als Anlass dafür zu nehmen, lange versäumte Schulungserfordernisse gewissermaßen „in einem Aufwasch" mit zu erledigen. Dafür sind in der Regel bei Integrationen weder Zeit noch Ressourcen vorhanden. Allerdings geht es darum, Mitarbeiter ganz gezielt im Umgang mit integrationsrelevanten Fragestellungen zu schulen. Aus der Vielzahl integrationsrelevanter Aufgabenfelder, die das Management adressieren muss, seien hier beispielhaft drei wesentliche Schulungsinhalte genannt:

- Projektmanagement:
  Vergegenwärtigen wir uns noch einmal die Zahlen: Eine vollständige Post Merger Integration löst rund 2.000 größere Veränderungen aus und erfordert bis zu 10.000 Nicht-Routine-Entscheidungen. Im einfachen Fall sind zwischen 12 - 15 Integrationsteams mit insgesamt 50 - 90 Mitarbeitern erforderlich. Aufgrund der hohen Komplexität gehen die Anforderungen an das Projektmanagement bei Integrationen damit oftmals bei weitem über Projektmanagement-Fähigkeiten hinaus, die normalerweise im operativen Alltagsgeschäft benötigt werden. Schulungen sind daher im Bereich Projektmanagement eine zentrale Grundvoraussetzung, die all zu oft übersehen wird.

- Interviewing:
  Interviews sind in Verbindung mit Formblättern das zentrale Tool für die Sammlung relevanter Unternehmensinformationen bei Integrationen. Bieten sie doch einen ungefilterten Blick auf die Frage, wie „die Dinge hier wirklich laufen". Durch Interviews werden auch Informationen zugänglich, die nirgendwo sonst verfügbar sind. So können z. B. auch Einschätzungen zu ersten Lösungsvorschlägen eingeholt bzw. eigene Vorstellungen hierzu validiert werden. Was sich auf den ersten Blick selbstverständlich und einfach anhört, stellt Mitarbeiter allerdings bei der tatsächlichen Durchführung regelmäßig vor ungeahnte Schwierigkeiten. Typischerweise sind Mitarbeiter nicht gewohnt, strukturierte Interviews durchzuführen, da die Datenaufnahme durch direkte verbale Kommunikation im operativen Alltagsbetrieb eine eher untergeordnete Rolle spielt. Top Performer kennen diese Problemstellung und schulen ihre Mitarbeiter deshalb in Interviewtechniken.

- Aufnahme der Geschäftsprozesse:
  Unter Process Mapping wird die systematische Aufnahme wesentlicher Geschäftsprozesse verstanden. Schwierigkeiten auf Seiten der Mitarbeiter ergeben sich dabei vor allem aufgrund einer typischerweise stark abteilungsbezogenen Sichtweise. Vielfach haben die Mitarbeiter nur eine vage Vorstellung davon, wie die bereichsübergreifenden Geschäftsprozesse tatsächlich

im Unternehmen verlaufen. Die Erstellung von Process Maps schafft oftmals erst das gemeinsame Verständnis über die jeweiligen Geschäftsprozesse; eine unabdingbare Voraussetzung für die lückenlose Verzahnung beider Organisationen. Die Aufnahme der Prozesse wird typischerweise in Verbindung mit weiteren Management-Tools eingesetzt. Insbesondere zur Identifikation von Effizienzpotenzialen erfolgt die Aufnahme und Neugestaltung der Geschäftsprozesse unter Anwendung von Benchmarks und Best-Practice Vergleichen. Nicht selten wird deshalb auch eine Activity Based Analysis (ABA) durchgeführt, die die aktuelle Ressourcenallokation entlang wesentlicher Prozessschritte dokumentiert. Ergänzt wird die ABA dabei typischerweise durch Erfassung der entsprechenden Mengengerüste, also wie sich Arbeitsaufwand und Ressourcenverteilung gegenüberstehen. Auch Top Performer beherrschen die skizzierten Management-Instrumente nicht per se; vielmehr setzen sie zur Aneignung der erforderlichen Managementinstrumente gezielte Schulungsmaßnahmen ein.

Wer Erfolg haben will, muss auch bereit sein, den enormen Aufwand zu tragen, der bei der Durchführung von Mitarbeiterschulungen anfällt. Wie gewaltig dieser sein kann, zeigt das positive Beispiel der Fusion von **Bank Austria** und **Creditanstalt**:

„5.200 Mitarbeiter wurden innerhalb von vier Monaten durch 560 Trainer an 35.000 Schulungstagen auf ihre künftigen Aufgaben vorbereitet."

(Quelle: Wirtschaftswoche vom 31.08.2000)

Top Performer passen das Anreizsystem zielgerichtet an

Anreizsysteme spielen eine wesentliche Rolle bei der Um- und Neugestaltung von Unternehmen. Top Performer haben dies erkannt und setzen deutlich intensiver Maßnahmen zur Anpassung des Anreizsystems ein; der Wert liegt 81 Prozent über dem Durchschnitt.

Was die Motivation der Mitarbeiter angeht gelten bei Post Merger Integrationen die gleichen Spielregeln wie im normalen Betriebsalltag: Von den berühmten Ausnahmefällen einmal abgesehen zeigen Mitarbeiter in der Regel nur dann das gewünschte Verhalten, wenn sie dafür auch belohnt werden. Doch Belohnen ist nicht immer mit finanziellen Anreizen gleichzusetzen! Erschwerend kommt bei Integrationen hinzu, dass die bekannten Anreizstrukturen durch den Unternehmenszusammenschluss in der Regel aufgegeben werden. Auf Seiten der Mitarbeiter entsteht dadurch Unsicherheit wie die Anreize aussehen und wie man in ihren Genuss kommen kann. Top Performer schaffen in dieser ambivalenten Situation sehr konkrete Anreize, die eine proaktive Unterstützung der Integrationsbemühungen belohnen. So verankern sie z. B. die Erreichung von Integrationszielen in den MBOs der Führungskräfte oder aber führen einen Appraisal Process zur Bewertung der Leistung der Mitarbeiter in den Integrations-Teams ein. Durch die Ausrichtung der Anreizsysteme auf die Integrationsziele stellen sie sicher, dass die Anreiz-Beitragsstrukturen der Mitarbeiter und der Integration in Einklang stehen.

Fehlen die Anreize zur Integration, so zeigt sich dies vielfach zuerst bei der nicht zustande kommenden Kommunikation, wie dies beispielsweise auch von **DaimlerChrysler** berichtet wird:

„Wir haben zu lange darauf vertraut, dass unsere amerikanischen Partner dieselben Ziele verfolgen wie wir. Diese Erwartung hat sich nicht erfüllt, obwohl auf allen Ebenen ein reger Austausch stattfand. Aber bei unserem letzten Führungskräfte-Treffen bildeten die US-Manager eigene Grüppchen und auch die deutschen Führungskräfte blieben unter sich."

Manfred Göbels,
Vorsitzender des Konzernsprecher-Ausschusses der DaimlerChrysler AG

(Quelle: Wirtschaftswoche vom 30.11.2000)

Auch Top Performer brauchen eine Vision

Top Performer ergreifen um 33 Prozent stärkere Aktivitäten bei der Erarbeitung und Umsetzung der Integrationsvision. Dieser Befund überrascht wenig, denn die Integrationsvision liefert das strategische Basislager für die Integrationsexpedition. Doch auch Top Performer erzielen keine Spitzenleistungen beim Integrationsmanagement, wenn die Zusammenführung strategisch keinen Sinn macht oder die Vision nicht eindeutig artikuliert wurde. Ohne eine einfach und prägnant formulierte Vision für das neue, gemeinsame Unternehmen läuft auch das Integrationsmanagement von Top Performern Gefahr, orientierungslos vor sich hinzudümpeln. Sie wissen um diese Gefahr und handeln dementsprechend. Im Gegensatz zu Durchschnittsunternehmen belassen sie es allerdings nicht bei blumigen Worten. Statt dessen konkretisieren sie ihre Vorstellung von der Unternehmenszukunft und geben ihren Mitarbeitern Orientierungshilfe. Dafür beantworten sie bei der Formulierung der Unternehmensvision drei zentrale Fragen:

- Wohin wollen wir?
  Voraussetzung für die Beantwortung dieser Frage sind nicht zuletzt genaue Kenntnis des Unternehmenskerns und der wesentlichen Unterscheidungsmerkmale vom Wettbewerb. Top Performer führen dabei eine Nabelschau der eigene Stärken und Schwächen im Spiegel der Hauptwettbewerber durch. Sie wissen: Nur wenn das Unternehmen seinen Kunden einen im Vergleich zum Wettbewerb eindeutig höheren Nutzen erbringen kann, wird aus Wettbewerbsfähigkeit mittelfristig Wettbewerbsüberlegenheit.

- Wann sind wir erfolgreich?
  Top Performer belassen es nicht bei rosa Sprechblasen. Vielmehr konkretisieren sie die Vision anhand grober Zielangaben. Sie operationalisieren dabei nicht nur die grobe strategische Stoßrichtung des neuen Unternehmens, sondern liefern auch konkrete Anhaltspunkte für die Bemessung der Zielerreichung, an denen sich Mitarbeiter orientieren und ihr eigenes Verhalten ausrichten können.

- Welche Fähigkeiten und Werte sind wichtig?
  Spiegelbildlich zur Definition der Zielsetzung definieren Top Performer auch die Fähigkeiten (Capabilities) und Wertvorstellungen, die für die erfolgreiche Umsetzung der neuen strategischen Stoßrichtung wichtig sind.

Visionen müssen nicht nur formuliert, sondern auch kommuniziert werden. Wie aufwändig dies sein kann, zeigt das Beispiel **ABB**:

„Das neue Logo sollte bei einer wegweisenden Veranstaltung präsentiert werden und den Beginn einer neuen Unternehmensära einläuten. Nachdem Barnevik das oberste Führungsteam zusammengestellt hatte, wollte er seine Visionen mit den Führungskräften teilen und einen Rahmen abstecken, innerhalb dessen sie agieren konnten. Eines seiner vorrangigen Ziele war, die Manager aller Unternehmensbereiche zu mehr Umsatzverantwortung zu erziehen. Und eine der größten Aufgaben bestand seiner Meinung nach in der Verbreitung der Botschaft vom Sinn und Zweck der Fusion über alle Unternehmensebenen. Offene Kommunikation schien ihm dafür das beste Mittel zu sein. Anfang Januar 1988 lud er 250 Senior Manager zu einer dreitägigen Konferenz nach Cannes, in deren Verlauf er ihnen seine Sichtweise des fusionierten Konzerns und ABBs Ziele und Strategien für die Zukunft darlegte. (...) Zum Abschluss der Konferenz wurden alle Führungskräfte aufgefordert, Barneviks Botschaften innerhalb von 60 Tagen an die nächste Führungsebene, die 30.000 Manager weltweit umfasste, weiterzugeben.“

(Quelle: K. Barham/C. Heimer, ABB – Der tanzende Riese, Wiesbaden 1999, S. 107)

FAZIT: Zur Ausrichtung des Mitarbeiterverhaltens fördern Top Performer ihre Unternehmensvision mit entsprechenden Schulungen und Anreizen. Zielgerichtete Schulungen machen die Mitarbeiter fit für den Integrationsmarathon. Darüber hinaus belohnen sie integrationskonformes Verhalten durch zielkonforme Anpassung der Anreizsysteme.

Kernfragen: 4. Mitarbeiterverhalten ausrichten

- Wie groß ist der Erfahrungshintergrund, den die Mitarbeiter beider Organisationen bei der Bewältigung von Integrationen haben?

- Welche integrationsrelevanten Fähigkeiten besitzen die Mitarbeiter bereits? Welche sind nur teilweise vorhanden?

- Welche neuen Anforderungen an die Fähigkeiten der Mitarbeiter ergeben sich infolge des Zusammenschlusses bei der Bewältigung des operativen Tagesgeschäftes? Welche Schulungserfordernisse bestehen?

- Welche Widerstände sind auf Ebene des Top Managements und des Middle Mangements zu erwarten? Durch welche Maßnahmen sollen diese Widerstände adressiert werden?

- An welchen Stellen muss das bestehende Incentivesystem den Erfordernissen der Integration angepasst werden? Durch welchen Prozess und nach Maßgabe welcher Kriterien wird die Leistung der Mitglieder der Integrationsteams sowie der verantwortlichen Teil-/Projektleiter bewertet?

- Wie kann die neue strategische Stoßrichtung des Unternehmens pragmatisch in eine greifbare und grifffeste Vision gegossen werden? Wie lässt sich sicherstellen, dass die neue Vision verständlich an sämtliche Mitarbeiter vermittelt wird?

- Wie kann durch gezielte Kommunikation bestehende Unsicherheiten und Ängste auf Seiten der Mitarbeiter begegnet werden? Durch welchen Prozess wird eine reiche und wechselseitige Kommunikation in die Organisation gewährleistet?

Fallbeispiel: Diehl-Gruppe

Familiengeführte Unternehmen: Integrations-Spielregeln an dezentrale Führungsphilosophien anpassen

Die Diehl Gruppe in Nürnberg hat in den vergangenen Jahren mehrere Neuakquisitionen getätigt. Eine zentrale Rolle spielte dabei das interne M&A Team. Während in Großunternehmen M&A Teams zum Standard gehören, sind sie im mittelständischen Umfeld eher die Ausnahme. Interviewpartner Dr. Klaus Stemmermann arbeitet als M&A Projektmanager in der Diehl-Gruppe.

Stichwort „Unternehmenskauf" – welche wesentlichen Unterschiede gibt es zwischen familiengeführten Unternehmen und Großunternehmen?

Mittelständler sind sehr „risikosensibel". Unser Unternehmen hat sich z. B. in Form eines strategischen Leitsatzes die Sicherung der finanziellen Unabhängigkeit der Gruppe zum Ziel gesetzt. Die Entscheidung über einen Unternehmenskauf und der Kandidat selbst werden daher streng geprüft. Hierdurch benötigen wir für den Transaktionsprozess unter Umständen mehr Zeit als vom Verkäufer erwartet. Ein weiterer Unterschied ist der Zeithorizont der Investition: Entscheidungen werden aus strategischen Überlegungen heraus gefällt und der Return on Investment muss längerfristig gesichert sein. Fehlinvestitionen müssen gerade im Hinblick auf die finanzielle Unabhängigkeit unbedingt vermieden werden.

Die Diehl-Gruppe verfolgt seit Jahrzehnten eine ausgesprochen dezentrale Führungsphilosophie. Welche Rolle spielt Ihre Stabsfunktion im Hinblick auf Firmenkauf und Integration?

Durch unsere dezentrale Führungsphilosophie stellen wir sicher, dass die Verantwortlichen auf Ebene der Teilkonzerne für das operative Ergebnis gerade stehen. In der Integrationsphase sind die operativen Einheiten selbst umfassend für die Unternehmensintegration verantwortlich. Dem M&A Team auf Ebene der Holding kommt vor allem in der Phase vor dem Vertragsabschluss eine zentrale Rolle zu. Denn das für die Bewertung und für rechtliche Fragestellungen erforderliche Fach-Know-how kann nicht überall vorgehalten werden. Hier fungieren wir als interne Serviceeinheit. Die Integration nach der Vertragsunterzeichnung bildet das Aktionsfeld der operativen Einheiten und wird von diesen weitestgehend ohne die Führungsholding durchgeführt. Bei Problemen stehen wir aber natürlich beratend zur Seite.

Wie stellen Sie sicher, dass die erforderlichen Maßnahmen nach der Vertragsunterzeichnung auch tatsächlich durchgeführt werden – dezentrale Führungsphilosophie hin oder her?

Wir legen großen Wert auf die Erstellung eines Integrationskonzepts und die Vorbereitung der notwendigen Integrationsmaßnahmen vor Vertragsabschluss. Sowohl bei der Strategieentwicklung als auch bei der Durchführung der Due Diligence und der Unternehmensbewertung sind neben M&A Spezialisten immer auch die operativ Verantwortlichen mit an Bord. Auf diese Weise können diese die relevanten Werthebel nicht nur identifizieren, sondern bereits konkrete Maßnahmen definieren, wie die Wertpotenziale tatsächlich gehoben werden können. Vor der Vertragsunterzeichnung ist damit die Integrationsplanung bis auf Ebene der einzelnen operativen Funktionsbereiche umfassend eingeleitet und das Commitment der Verantwortlichen für die Maßnahmenumsetzung gesichert.

Worauf legen Sie in der Pre-Merger Phase besonderes Augenmerk hinsichtlich der Bewertung eines möglichen „Fits" mit dem Kandidaten?

Als familiengeführtes Unternehmen erwerben wir gern Unternehmen, die ähnlich geführt worden sind. Hierbei kann der Fit eines familiengeführten Unternehmens mit Sitz im Ausland größer sein als er unter Umständen mit einem deutschen, konzerngebundenen Unternehmen ist. Dies ist etwa ein Kriterium, auf das wir achten. Beim Erwerb solcher Unternehmen scheidet der Firmengründer, der das Unternehmen oftmals auch operativ leitet, aus der Führung aus. Um die Lücke zu schließen, bringen wir dann das Management auf Ebene zwei in Geschäftsführungsverantwortung. Dadurch werden auch auf den weiteren Ebenen Positionen frei, so dass durch die Akquisition Karriereschübe entstehen. So entfalten wir – unterstützt durch eine Anpassung der Anreizsysteme – unternehmerische Talente in der Organisation. Klar ist – und dies ist der zweite Punkt, dem wir in der Phase vor dem Deal Beachtung schenken –, dass dieses Konzept nur aufgeht, wenn das richtige Management bereits vor Ort ist. Wir überprüfen daher sehr genau die Qualität des Managements und klären, ob sich diese durch die Entsendung eines oder mehrerer Manager aus dem Konzern verbessern lässt.

5. Schritt: Operative Geschäftsaktivitäten verzahnen!

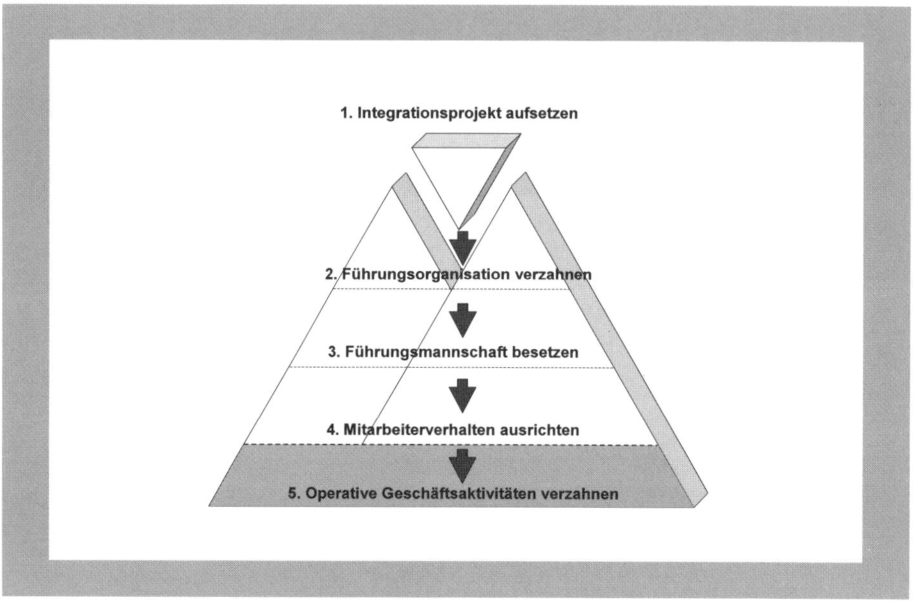

Abb. 27: Integration Excellence – Der fünfte Schritt

Top Performer lassen das operative Management nicht allein

Im Gegensatz zum Durchschnitt belassen es Top Performer nicht dabei, auf operativer Ebene nur den Prozess des gegenseitigen Kennenlernens zu strukturieren. Sie ergreifen darüber hinaus konkrete Maßnahmen, die das operative Management bei der Umsetzung der Integration wirkungsvoll unterstützen, und überlassen es nicht dem Zufall, ob die Integration auch auf operativer Ebene funktioniert. Anstelle eines operativen Durchgewurschtels stellen sie die strukturelle und systemseitige Verzahnung des Tagesgeschäfts sicher und sorgen so für eine dauerhafte Verankerung der Integration auf operativer Ebene.

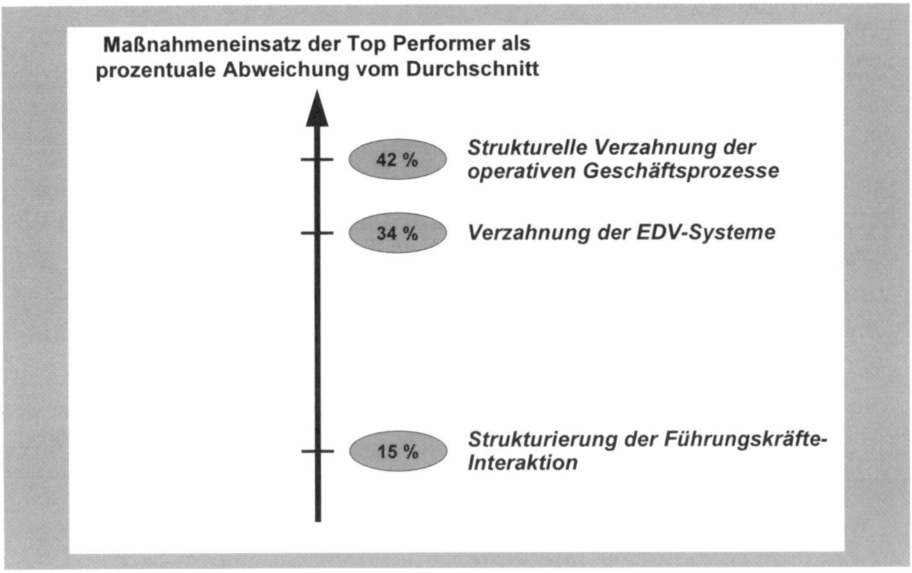

Abb. 28: Maßnahmen zur Verzahnung der operativen Geschäftsaktivitäten

Top Performer unterstützen die Organisation bei der Implementierung operativer Prozessverbesserungen

Die Ergebnisse sind eindeutig: Top Performer verwenden auf die Integration der Geschäftsbereiche mit einem Wert von 42 Prozent rund 1/3 höhere Anstrengungen als der Durchschnitt der Unternehmen. Sie legen also Geschäftsbereiche nicht nur auf dem Papier zusammen, sondern betrachten nachhaltig die zentralen betrieblichen Prozesse hinter den zu integrierenden Geschäftsbereichen. Hier setzt die Integration an und wird mit Nachdruck gearbeitet – ein Beispiel für Integration Excellence.

Wie schwierig sich die Verzahnung der operativen Prozesse gestalten kann, zeigt das Beispiel der Fusion der **VHV Vereinigte Haftpflichtversicherungen** und der Lebensversicherung **Hannoversche Leben**:

„Das Kernproblem für das Management wird sein, die unterschiedlichen Vertriebsansätze unter einen Hut zu bringen. Die Hannoversche Leben verkauft 75 Prozent ihrer Policen direkt und nur etwa 25 Prozent über Makler. Die VHV hat dagegen überwiegend Makler als Vertriebspartner. Wenn mehr Lebensversicherungen über Makler verkauft werden, würde das wegen der nötigen Provisionszahlungen deutlich höhere Kosten bedeuten."

(Quelle: Financial Times Deutschland vom 14.04.2003)

Integrationen sind von einem hohen Veränderungsdruck geprägt. Jeder – Shareholder, Kunden und natürlich auch Mitarbeiter -- rechnen bei Unternehmenszusammenführungen mit Veränderungen. Top Performer nutzen insbesondere die Veränderungserwartungen auf Seiten der Mitarbeiter, um im Zuge der Integration weitreichende Veränderungen durchzusetzen. So werden Veränderungen, über die vor der Zusammenführung allenfalls nachgedacht wurde, zum Diskussionsgegenstand. Der positive Effekt: Aufgrund des offensichtlichen Veränderungsdrucks, der mit der Integration einhergeht, verliert niemand sein Gesicht, wenn er altbekannte Positionen aufgibt und über völlig neue Wege nachdenkt. Damit wird der Weg für umfassende Veränderungen geebnet. Top Performer nutzen die mit der Integration verbundenen Veränderungserwartungen und ergreifen die Gelegenheit beim Schopf. Unter Nutzung dieses vielzitierten Window-of-Opportunity schaffen es Top Performer regelmäßig, weitreichende Veränderungen auf Ebene der operativen Geschäftsprozesse durchzusetzen und dabei Schwachstellen auszumerzen, auf die die Spitzenunternehmen häufiger und intensiver achten:

- Parallel- und Doppelbearbeitung:
  Verschiedene Organisationseinheiten sind mit ähnlichen – im Extremfall identischen – Aufgaben beauftragt und erhalten einen Teil der Informationen. Jede Einheit arbeitet mit eigenem oft unzulänglichem Know-how und eigenen Mitteln – und weiß nicht, dass andere das Gleiche oder Ähnliches tun. Bei der späteren Kontrolle der Teilergebnisse kommt es zu Abstimmungsschwierigkeiten.

- Übertriebene Zentralisierung:
  Die Bearbeitungsschritte werden stufenweise zentralisiert und dezentralisiert. Diese Vorgehensweise führt zu erhöhten Durchlaufzeiten und Termindruck.

- Zu lange Wege durch die Organisation:
  Die Prozessschritte durchlaufen sequenziell zahllose Organisationseinheiten. Die Prozessdurchlaufzeit ist gezwungenermaßen sehr lang, die Gefahr von ungewollter Verschleppung, Informationsschwund und Aktualitätsverlust sehr hoch.

- Engpässe:
  Informationen bzw. Unterlagen werden systematisch auf eine Organisationseinheit konzentriert. Es handelt sich hier um eine starke Bündelung von Kompetenzen bzw. Entscheidungsbefugnissen oder Bearbeitungs-Know-how. Durch Engpassbildung entstehen lange Durchlaufzeiten und das Aufgabengebiet an der zentralen Stelle kann sehr komplex sein.

- Unklare Entscheidungsfindung:
  Informationen und/oder sonstige Arbeitsergebnisse werden parallel an verschiedene Stellen weitergereicht, wobei unklar ist, ob eine, mehrere oder alle Stellen, z. B. durch Stellungnahmen, Einsprüche, Zusatzinformationen etc., reagieren werden. Es entstehen lange Liegezeiten, Terminüberschreitungen, Doppelarbeiten und Kompetenzgerangel.

Das positive Beispiel von **DaimlerChrysler** zeigt wie sich die Herausforderung meistern lässt:

„Das geschieht durch ein eigenes Team, das sich Global Sales and Marketing nennt. Dies wird von je einem Mitarbeiter aus Deutschland und aus Amerika geleitet. Diese haben relativ früh die Projekte identifiziert und einen Projektbaum erstellt, mit dem sie den Vertrieb zusammenführen wollten. Entsprechend haben sie natürlich auch Meetings organisiert. Es hat in einer frühen Phase ein Meeting der gesamten Vertriebsorganisation stattgefunden. Die einzelnen Länder wurden aufgerufen, ihr jeweiliges Wissen zu identifizieren. Das Global Sales and Marketing-Team hat dann auch die einzelnen Länder selber besucht, betreut und Benchmarking gemacht. Das ist immer ein relativ aufwendiger Prozess, aber letztlich auch ein sehr lohnenswerter."

Rüdiger Grube, Bereichsvorstand Konzernstrategie der DaimlerChrysler AG im Interview auf die Frage: „Wie kommt das Daimler-Wissen zu Chrysler und umgekehrt?"

(Quelle: zeitschrift führung + organisation 68 (1999), S. 351)

Top Performer setzen IT als leistungsstarkes Instrument zur operativen Verzahnung ein

Top Performer wissen: Die Verzahnung der EDV ist eine Kernvoraussetzung, die Integration auch auf operativer Ebene dauerhaft zu verankern. Bleibt die Integration bei der rein strukturellen Neugestaltung der Geschäftsprozesse stecken, besteht die Gefahr, dass die Integration im Alltagsgeschäft als flügellahme Ente endet und Effizienz- und Wertpotenziale ungenutzt verpuffen.

Hinzu kommt, dass viele Führungskräfte in der EDV noch immer das siebenköpfige Ungeheuer sehen; die Auseinandersetzung mit Themenstellungen, die die IT-Landschaft des neuen Unternehmens betreffen, ähneln damit unversehens oftmals einer Begegnung der dritten Art. Das Integrationsmanagement muss hier für einen professionellen Umgang mit systembezogenen Fragestellungen sorgen, um faule Kompromisse und vorschnelle Lösungen zu verhindern.

*„Percy Barnevik [seinerzeit CEO von **ABB**] bedient sich griffiger Slogans, um seine Erwartungen auszudrücken: ‚Sind Sie ein AC (after computers) oder ein BC (before computers)?' BCs bezeichnen die Generation, die nicht mit Computern aufgewachsen ist und ständig damit konfrontiert wird, dass eine umwälzende Neuerung an ihnen vorbeigegangen ist."*

(Quelle: K. Barham/C. Heimer, ABB – Der tanzende Riese, Wiesbaden 1999, S. 361)

Bevor die EDV als leistungsstarkes Instrument für die operative Verzahnung eingesetzt werden kann, muss allerdings die Verzahnung der EDV ihrerseits an der übergreifenden Logik der Zusammenführung ausgerichtet sein. Wie weit die Systemlandschaften beider Unternehmen zu verzahnen sind, ist nicht zuletzt davon abhängig, wie die Aufgaben zwischen Unternehmenszentrale und operativen Einheiten verteilt sind. Die Verzahnung der EDV bildet damit das operative Spiegelbild der Rolle der Unternehmenszentrale. Die Frage, wie stark die IT der ehemals getrennten Unternehmen zu integrieren ist, richtet sich also nach der Selbstständigkeit der operativen Bereiche. Top Performer stellen sich dieser Diskussion und haben dabei drei grundlegende Handlungsalternativen im Kopf:

- Beibehaltung unverbundener IT-Systeme:
  Die Option, die bestehenden IT-Systeme weitestgehend unverbunden und parallel nebeneinander weiterlaufen zu lassen, bietet sich vor allem dann, wenn die Unternehmen auch nach der Zusammenführung selbstständig am Markt agieren sollen. Eine solche Option mag also vor allem als temporäre Lösung sinnvoll erscheinen. Zum Beispiel, wenn vor der eigentlichen Integration noch umfassendere Restrukturierungsmaßnahmen durchgeführt werden müssen. Oder aber, wenn das erworbene Unternehmen zunächst einmal zwischengeparkt werden soll, um dann in einem zweiten Schritt mit weiteren Unternehmensteilen verschmolzen zu werden.

- Selektiver Aufbau von Verbindungen in kritischen Bereichen:
  Der Aufbau punktueller Verbindungen zwischen den IT-Systemen erscheint vor allem dann sinnvoll, wenn durch Fusion oder Akquisition neue Märkte erschlossen werden sollen. Typischerweise geht es dann beispielsweise darum, das Marktpotenzial im Sinne eines Cross- bzw. Up Sellings zu erschließen. Dabei werden die Produkte des Erwerbers über die Vertriebskanäle des erworbenen Unternehmens vertrieben und umgekehrt. Der Aufbau einer funktionsübergreifenden und gemeinsamen Systemlandschaft ist in diesen Fällen nicht zwingend erforderlich. Dieses Vorgehen empfiehlt sich meist, wenn die Fusionslogik vor allem auf Synergien in einzelnen ausgewählten funktionalen Bereichen abzielt, also z. B. durch die Einrichtung einer Shared Service Organisation für die kaufmännischen Bereiche.

- Migration auf ein gemeinsames System:
  Wenn die Fusionslogik umfassende Koordination durch die Unternehmenszentrale erforderlich werden lässt, reicht eine punktuelle Verbindung der IT-Systeme nicht mehr aus. Dies gilt insbesondere, wenn die Betriebe entlang der gesamten Wertschöpfungskette integriert werden sollen. Die Komplexitätskosten nur teilweise verbundener Systeme würden in einem solchen Fall weit über die Investitionserfordernisse hinausgehen,

die mit der Migration auf ein gemeinsames System verbunden sind.

Das Beispiel des schweizerischen Kreditinstituts **UBS AG** zeigt die Probleme, die sich bei der Integration der EDV-Systeme ergeben können – und wie man sie erfolgreich meistert:

„Die Entscheidung, welche IT-Plattform zukünftig als Basis dienen sollte, konnte bereits acht Wochen nach der Fusionsankündigung gefällt werden. Die zur Debatte stehenden Systeme der Vorgängerbanken wurden (...) bewertet. Schließlich wurde Abacus, das System der Bankgesellschaft gewählt, (...). Die schnelle Auswahl eines der beiden Informationssysteme ist einer der Schlüsselentscheide bei einer Bankenintegration. Er setzt den Ausgangspunkt für die Datenintegration auf das Zielsystem, heißt aber auch für Tausende von Mitarbeitern mittelfristig Abschied vom gewohnten Arbeitsinstrument zu nehmen. Das Anwenderwissen der Bankmitarbeiter, deren IT-System nicht als Zielsystem gewählt wurde, wird mit einem solchen Entscheid unvermeidlich entwertet. (...) Umso mehr gilt es Perspektiven aufzuzeigen, Ängste zu nehmen und durch konkrete Ausbildungsmaßnahmen den Übergang auf die neue Arbeitsumgebung zu erleichtern."

Hans Joachim Steinbock,
Leiter des Integration Office des Unternehmensbereichs Privat- und Firmenkunde der UBS AG

(Quelle: Steinbock, H.-J., Management in Zeiten der Diskontinuität – Postmerger-Management in der UBS AG, in: zeitschrift führung + organisation 69 (2000), S. 37 - 40, hier: S. 38)

Top Performer verzahnen die operativen Bereiche allerdings nicht um jeden Preis

Eines allerdings unterscheidet die Top Performer sehr deutlich vom Rest: Sie verzahnen die operativen Aktivitäten der Unternehmen nicht blindlings. Vielmehr betrachten sie die operativen Bereiche sehr genau und entscheiden dann über konkrete Maßnahmen zur Verzahnung. Dabei stellen sie insbesondere die Frage nach dem finanziellen Gesundheitszustand der jeweiligen Geschäftsbereiche. Geschäftseinheiten, die sich durch eine solide Finanzlage und ein überzeugendes Geschäftskonzept auszeichnen, können unmittelbar in Angriff genommen werden. Ist der finanzielle Gesundheitszustand allerdings weniger gut oder sogar als kritisch zu bezeichnen, warten sie mit der Verzahnung. Sonst ist die Gefahr zu groß, dass sich das Fieber auch auf noch gesunde Bereiche ausdehnt und am Ende das Gesamtunternehmen befällt. Bei Geschäftsbereichen, die über keine solide finanzielle Basis verfügen, führen sie zunächst Restrukturierungsmaßnahmen durch. Erst nach vollzogener Restrukturierung und finanzieller Gesundung der Bereiche gehen sie an die operative Verzahnung. Geschäftsbereiche, die sich mittelfristig nicht in die Gewinnzone bringen lassen, stehen bei Top Performern zur Disposition und sind von der weiteren Integration ausgeschlossen.

FAZIT: Top Performer überlassen das operative Management während der Integration des Tagesgeschäfts nicht sich selbst. Anstelle eines Durchwurschtelns auf Ebene der operativen Integration tritt ein definierter Prozess, der die strukturelle und systemseitige Verzahnung der Unternehmen im Tagesgeschäft gewährleistet.

Kernfragen: 5. Operative Geschäftsaktivitäten verzahnen

- Welche Kernprozesse des Käuferunternehmens müssen unbedingt beim Zielunternehmen deckungsgleich implementiert werden?
- In welchen Geschäfts- bzw. Funktionsbereichen besteht aufgrund von Investitions- und Ressourcenargumenten eine natürliche Dominanz eines der beiden Unternehmen?
- In welchen Teilbereichen ist es sinnvoll, über die vollständige Neugestaltung von Geschäftsprozessen nachzudenken?
- Welches Veränderungsausmaß kann die Organisation ressourcenseitig verkraften? Wie kann eine Überforderung der Organisation verhindert und dieser vorgebeugt werden?
- Welche Sofort-Maßnahmen müssen ergriffen werden, um das Tagesgeschäft stabilisieren und ein Absinken der operativen Schlagkraft verhindern zu können?
- Wie sollen die IT-Ressourcen im gemeinsamen Unternehmen eingesetzt und gesteuert werden, um ein Maximum an Kostensynergien zu realisieren und dabei gleichzeitig die Vision des neuen Unternehmens umfassend unterstützen zu können?
- Ergeben sich aus der Unternehmenszusammenführung veränderte Anforderungen bzw. Möglichkeiten zur Nutzung von Outsourcing?

Fallbeispiel: MTU Aero Engines GmbH

Stabsfunktion beim Integrationsmanagement – mehr als nur „Help and Coach"

Die Münchener MTU Aero Engines GmbH begann Ende der 90-er Jahre damit, ein internes Team für die Betreuung der internationalen Kooperationen und M&A-Aktivitäten aufzubauen. Das Unternehmen wuchs in den letzten Jahren durch Neugründungen und Übernahmen in den Bereichen Fertigung (USA und Frankreich), Marketing (Thailand, USA und Brasilien), Engineering (USA und Frankreich) und vor allem im Bereich Maintenance (Kanada, China, Brasilien und Malaysia). Alexander Gedler leitet derartige Projekte und den Bereich Methoden und Tools.

Welche Rolle spielen Besonderheiten der Aerospace & Defence-Branche in Blick auf M&A und Unternehmensintegrationen?

Es gibt vor allem zwei Ansatzpunkte, die die Affinität der deutschen Luft- und Raumfahrtindustrie zum Thema M&A herstellen. Zum einen besteht ein historisch gewachsener Fokus: Die deutsche Luftfahrtindustrie ist nach dem Krieg vor allem durch Kooperationen gewachsen. Zum anderen zwingen hohe Entwicklungskosten und die damit verbundenen Risiken zur Zusammenarbeit. Stichwort: Risikoteilung. Dies führt dazu, dass die MTU in einem Segment mit einem Unternehmen zusammenarbeitet, diesem in einem anderen Segment aber als Wettbewerber gegenübersteht. Daraus resultieren Tendenzen zu wechselseitigen Verflechtungen.

Welche Rolle kann eine Abteilung wie die Ihre bei der Durchführung von M&A und Integrationen leisten?

Unser Ziel ist, den Wissenstransfer zu beschleunigen und auf diese Weise zu verhindern, dass das Rad bei jeder Akquisition aufs Neue erfunden werden muss. Aufgabe unserer Abteilung ist es, die „Lessons Learned" – also die konkreten Erfahrungswerte – aus Unternehmenszusammenführungen aufzubereiten und den Stellen im Haus zur Verfügung zu stellen, die sie für eine bevorstehende Akquisition benötigen. Diese Tools hinterlegen wir in unserem Intranet. Klar sein muss aber: Standards können nur zu

70 Prozent übertragen werden. Für den Rest ist Flexibilität nötig, da der konkrete Handlungsbedarf von Fall zu Fall variiert. Erfolgsentscheidend sind personelle Netzwerke, die wir im Unternehmen etablieren. Nur so kann die Erfahrung in die Köpfe der Mitarbeiter gebracht werden. Schulungen im Umgang mit erprobten Tools spielen hierbei eine entscheidende Rolle.

Beschränkt sich der Tätigkeitsschwerpunkt Ihres Teams also vor allem auf „Help and Coach"?

Im Gegenteil. Nach Maßgabe der jeweiligen Phase variiert unser Aufgabenschwerpunkt. Bis zum Closing fungieren wir bei allen M&A-Projekten als zentraler Ansprechpartner – wir sind die zentrale Drehscheibe für Know-how. Je näher die Unterzeichnung der Verträge rückt, desto stärker wird das Involvement der operativ Verantwortlichen. Bei der Integration nach dem Closing sind diese dann die Treiber des Integrationsprojekts. Allerdings: In jedem Projekt übernehmen wir die Aufgabe der Erstellung des Business Plans und der Financials. Wir reduzieren also unser Involvement nicht nur auf einen „Help and Coach" Ansatz, sondern sind proaktiv involviert, übernehmen Arbeitspakte und machen so den operativen Einheiten das Leben in der Integration auch durch ressourcenseitiges Commitment leichter.

Wie stellen Sie sicher, dass die Zahlen und Synergieeffekte, die Sie in den Business Plan einstellen, dann auch wirklich umgesetzt werden?

Zentraler Bestandteil unseres M&A-Prozesses ist, dass wir das Beteiligungscontrolling als Sparringspartner proaktiv während der Integrationsphase einbinden. Durch dieses Vier-Augen-Prinzip stellen wir zweierlei sicher: erstens den inhaltlichen Check aus dem Controlling und zweitens die frühzeitige Vorbereitung der Übergabe an das Controlling. Folge: die angestrebten Synergieziele verpuffen nicht, weil sich im Unternehmen nach dem Integrationsprojekt niemand mehr für deren Überwachung verantwortlich fühlt. Im Übrigen unterstützen wir die operativen Einheiten mittelfristig bis die operative Planung auch wirklich das erste Mal nach der Fusion erfolgreich durchlaufen wurde. In der Regel dauert das ein Jahr.

Teil IV:

Integration Masterplan – Der Fahrplan der Top Performer

Timing der Integrationsmaßnahmen

Je schneller desto besser – eine weit verbreitete Binsenweisheit

In den vielfach propagierten Patentrezepten zur Post Merger Integration ist die Antwort auf die Frage nach dem Integrationstempo offensichtlich klar: Move as fast as possible, time is the enemy of successful integration! Die Befunde unserer Studie sprechen hier eine deutliche Sprache: 60 Prozent der deutschen Manager gehen davon aus, dass die Erfolgswahrscheinlichkeit von Integrationen mit zunehmender Geschwindigkeit steigt. Ein Trugschluss wie unsere Analyse zeigt. Denn wir mussten einen deutlich negativen Zusammenhang zwischen Höchstgeschwindigkeit und Integrationserfolg erkennen. In anderen Worten: eine zu hohe Integrationsgeschwindigkeit gefährdet den Integrationserfolg.

Dabei ist die Überforderung und Demotivation der Mitarbeiter nur die eine Seite der Medaille. Wer mit überhöhter Geschwindigkeit integriert, läuft auch Gefahr, dass aufgrund des massiven Zeitdrucks notwendige Arbeitsschritte nur ansatzweise bzw. gar nicht durchgeführt werden. Aufgaben, die für die erfolgreiche Integration der Unternehmen zwingend erforderlich sind, bleiben so unter Umständen liegen bzw. werden nur halb erledigt. Die Folge: Das Risiko von Fehlentscheidungen steigt. Diese Gefahr stellt sich umso mehr, da die Ressourcensituation in den meisten Unternehmen ohnehin angespannt ist. Ein Gefahrenpotenzial, das im Zeitalter von Lean Management und Zero-Based Budgeting nicht nur bei mittelständischen Unternehmen virulent den Integrationserfolg bedroht. Je schneller das Management bei Integrationen vorgehen möchte, desto mehr Ressourcen müssen zur Verfügung gestellt werden können.

Außerdem wird es mit höherer Integrationsgeschwindigkeit immer schwieriger, die Integration zu steuern. Das Management kann dann auf unvorhergesehene Ereignisse nicht flexibel genug reagieren; ein Richtungswechsel oder frühzeitiges Gegenlenken wird bei einer zu hohen Integrationsgeschwindigkeit nahezu unmöglich. In der Sprache der Physik: Das Moment des beschleunigten Systems wird mit zunehmender Geschwindigkeit größer.

Es gibt auch Argumente, die für ein rasches Vorgehen bei Integrationen sprechen. So hat der Shareholder bei hoher Integrationsgeschwindigkeit schneller Zugriff auf das Wertpotenzial, das durch den Firmenzusammenschluss gehoben werden soll. Ähnliches gilt auch aus der Perspektive eines Fremdkapitalgebers, der den Deal finanziert hat und ein berechtigtes Interesse daran hat, seinen finanziellen Einsatz verzinst zurückzuerhalten. Auch das Ziel, die Aufmerksamkeitskonzentration der Mitarbeiter auf unternehmensinterne Ereignisse – insbesondere in Form von Macht- und Positionskämpfen – baldmöglichst zu beenden, wird oftmals als Argument für eine hohe Integrationsgeschwindigkeit ins Feld geführt. In diesem Sinne soll ein rasches Vorgehen dazu führen, dass sich die Mitarbeiter so schnell wie möglich wieder auf die Anforderungen des Marktes und des operativen Tagesgeschäftes konzentrieren.

Insgesamt gesehen können die möglichen Vorteile einer hohen Integrationsgeschwindigkeit die handfesten Nachteile nicht wettmachen. Natürlich steht das Top-Management bei jeder Integration unter enormem Erfolgsdruck. Warten doch nicht nur die Mitarbeiter, sondern auch Investoren auf Effekte der Integration. Trotz des hohen Erfolgsdrucks, der auf den Schultern des Top Managements in solchen Situationen lastet, lassen sich Top Performer nicht in die Geschwindigkeitsfalle ziehen. Sie reagieren an dieser Stelle besonnen mit einer moderaten Integrationsgeschwindigkeit.

Top Performer orchestrieren die Integration in zwei lang gezogenen Wellen

Der Unterschied zwischen Top Performern einerseits und weniger erfolgreichen M&A Integratoren auf der anderen Seite lässt sich vereinfacht wie folgt zusammenfassen: Top Performer verlieren am Anfang keine Zeit und beweisen gegen Ende besseres Stehvermögen.

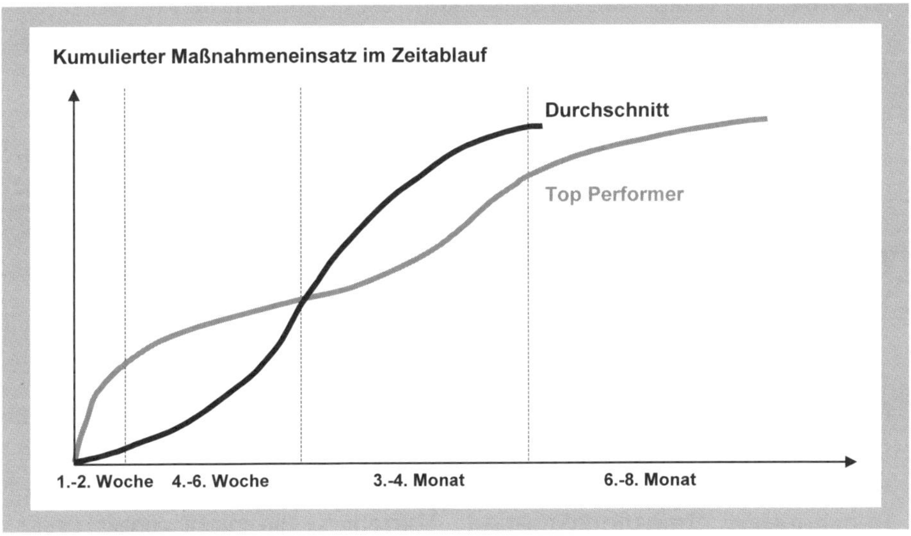

Abb. 29: Das Doppel-S der Top Performer

Top Performer folgen beim Integrationsmanagement einer lang gezogenen doppelten S-Kurve: Nach einem Kickstart lassen sie ihrer Organisation erst einmal Zeit zum Verschnaufen, bevor sie die zweite Welle in Angriff nehmen. Die Maßnahmen der zweiten Welle gehen dann deutlich über die ersten 100 Tage hinaus; Top Performer unterstützen also ihre Organisation durch proaktives Integrationsmanagement, das weit über die ersten drei bis vier Monate hinausgeht.

Deutlich anders ist das Muster bei Durchschnittsunternehmen: Nachdem sie den Start gewissermaßen verschlafen haben, geben sie dann Vollgas und jagen ihre Organisation in den ersten drei bis vier Monaten ohne Verschnaufpause eine steile S-Kurve hoch. Sämtliche Maßnahmen sind bereits nach den ersten drei bis vier Monaten gestartet; danach geht dem Durchschnittsunternehmen gewissermaßen die Puste aus.

Man kann sich nicht des Eindrucks erwehren: Durchschnittsunternehmen versuchen im Rahmen des Integrationsmanagements „Alles auf einmal und sofort" erledigen zu wollen; die Integration also in einem Rutsch abzufrühstücken. Dies ist nicht selten ein Mangel an Erfahrung im Umgang mit Integrationen; hierbei werden oftmals die eigenen und die Fähigkeiten der Mitarbeiter überschätzt – und damit die Organisation komplett überfordert. Die Konsequenz: Diese Unternehmen bürden der Organisation in einem verhältnismäßig kleinen Zeitfenster eine Vielzahl von Integrationsmaßnahmen auf. Eine Überforderung der Organisation und insbesondere auch des Projektmanagements ist bei einer solchen ruckartigen Vorgehensweise mehr als wahrscheinlich.

Top Performer gehen im Vergleich dazu deutlich fokussierter vor. Mit der ersten Welle tragen sie durch gezielten Maßnahmeneinsatz die Integration in die Organisation hinein. Die Basis hierfür ist eine eindeutige Priorisierung der Integrationsaufgaben nach Maßgabe transparenter Selektionskriterien. Aufgaben, die nicht direkt unter den Nägel brennen, können auf die nächste Welle warten; Top Performer lassen sich gezielt Zeit. Durch eine Verteilung der Aufgaben entlang eines im Vergleich zum Durchschnitt längeren Zeitstrahls schaffen es Top Performer die Workload auszubalancieren und so die Belastung für die Organisation so gering wie möglich zu halten. Durch das schrittweise Vorgehen in Wellen wird letztendlich auch die Komplexität für das Projekt- und Risikomanagement auf ein managebares Maß heruntergebrochen.

Maßnahmen der ersten Stunde

Maßnahmen der ersten Stunde müssen nicht notwendigerweise erst mit dem Day One beginnen. Bestimmte Maßnahmen lassen sich sogar schon vor dem Closing einleiten.

> Dass man auch die Zeit bis zum Closing bereits für das Aufsetzen des Integrationsprojektes nutzen sollte, zeigt die Fusion der **Bertelsmann** Tochter **Bantam Doubleday Dell** mit **Random House**:
>
> *„Während der sechswöchigen Due Diligence wurde nicht nur der Unternehmenswert von Random House taxiert, sondern bereits der Integrationsplan ausgearbeitet: ‚Alle Entscheidungen über Führung, Struktur, Vertrieb und Programm trafen wir schon im Bewertungsprozess.' Dieses Vorgehen – Sarnoff [Finanz- und Entwicklungschef von Random House] leuchtet wie purer Sonnenschein – sei nur möglich gewesen, weil Barzahler Bertelsmann ohne Investmentbanker auftrat: ‚So konnten wir die Kaufverhandlungen mit unseren Vorstellungen der Integration verbinden.' Noch bevor Random House übernommen war, wusste jeder, was zu tun war."*
>
> *(Quelle: www.manager-magazin.de/unternehmen/artikel/0,2828,128870,00.html; Aufruf vom 18.04.2001)*

Die Einbindung der richtigen Leute hat bei Top Performern oberste Priorität

Wir wissen bereits, dass Top Performer nicht trödeln und nach dem Closing nicht übermäßig Zeit vergeuden. Im Vergleich zum

Durchschnitt starten sie in den ersten beiden Wochen deutlich mehr Maßnahmen und gewinnen so eher an Fahrt. Dabei stellen sie zunächst einmal sicher, dass sie die richtigen Leute an Bord haben. Sie wissen: Erst wenn alle wichtigen Kernentscheider beider Unternehmen an einem Strang ziehen, können weitere Schritte in Angriff genommen und die Integration nach vorne getrieben werden. Ohne hinreichendes Commitment laufen Folgemaßnahmen zwangsläufig ins Leere. In diesem Fall ist auch die beste Integrationsplanung nutzlos.

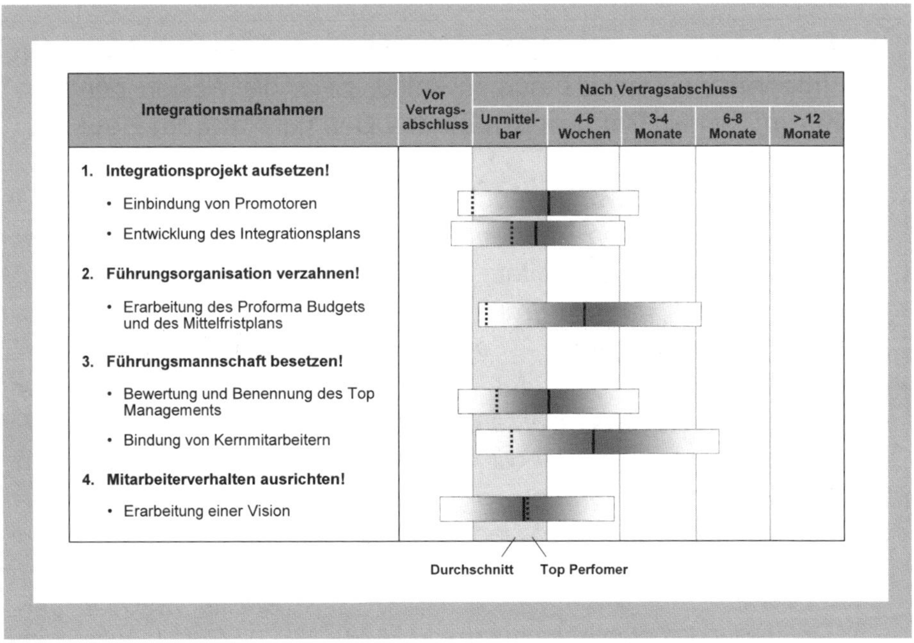

Abb. 30: Maßnahmen der ersten Stunde

Durchschnittsunternehmen ergreifen Maßnahmen zum Aufsetzen des Integrationsprojekts erst deutlich später. Nicht selten handelt es sich hierbei noch um Nachwehen des Closings. Denn die Dynamik der Vertragsunterzeichnung lähmt Organisationen oftmals insgesamt und die Wirren von Pressekonferenzen strahlen häufig in die Integrationsphase hinein. Top Performer lassen sich vom Blitzlichtgewitter nicht irritieren und starten gut vorbereitet in die Integrationsphase durch. Dazu gehört vor allem auch, dass sie eine klare

Vorstellung davon haben, wie das Projektmanagement auszuwählen und das Integrationsmanagement organisatorisch zu verankern ist.

Das Beispiel der Fusion **Siemens/KWU** und **Westinghouse** zeigt, dass es frühzeitig gelang Kernmitarbeiter bzw. Promotoren institutionell in das Integrationsprojekt einzubinden und ein fundiertes Integrationsprojekt aufgesetzt werden konnte:

„Zur Unterstützung der Integrationsplanung in der fossilen Energieerzeugung wurden unmittelbar nach dem Closing elf sogenannte Post Closing Integration Teams gebildet. Diese Teams waren mit Spezialisten aus Amerika und aus Deutschland besetzt und hatten die Aufgabe, unter anderem zu den Themen Manufacturing, Service, Product-line und Purchasing konkrete Vorschläge für die zukünftige Geschäftsausrichtung in ihrem Bereich zu erarbeiten. Die wichtigen Restrukturierungsschritte, die am Anfang des Zusammenschlusses in der fossilen Energieerzeugung vollzogen wurden, gehen vor allem auf die Ergebnisse dieser gemeinsamen Teams zurück."

S. Feldmann/N. Rokita,
Siemens AG Power Generation

(Quelle: Jansen, S.; Picot, G.; Schiereck, D. (Hrsg.), Internationales Fusionsmanagement, Stuttgart 2001, S. 207)

Top Performer machen bereits in den ersten beiden Wochen mehr als nur das Integrationsprojekt aufzusetzen

Top Performer ergreifen bereits in den ersten vierzehn Tagen konkrete Maßnahmen zur Verzahnung von Führungsorganisation und Führungsmannschaft. Dadurch tragen sie bereits frühzeitig zur Stabilisierung der Unternehmen unmittelbar nach der Vertragsunterzeichnung bei. Sie lassen die Mitarbeiter also deutlich weniger lang in einer Phase der Ungewissheit. Dies gilt insbesondere im Hinblick darauf, dass diese Unternehmen bereits in den ersten beiden Wochen Maßnahmen zur Bindung von Kernmitarbeitern einleiten und mit der Erarbeitung eines ersten und groben aber dafür gemeinsamen Budgets und Mittelfristplans beginnen. Dabei geht die Entwicklung des neuen Budgets Hand in Hand mit der Bewertung und Auswahl des Top Managements. Eine wichtige Voraussetzung dafür, dass auf Ebene des Top Managements ein gemeinsames Verständnis und Commitment für die Basis des neuen Unternehmens geschaffen wird. Die neue Führungsmannschaft muss erst einmal vollständig die Führung eingenommen haben, bevor ein tragfähiges Budget und ein zukunftsgerichteter Mittelfristplan erarbeitet werden können. Durchschnittsunternehmen verlieren hier deutlich mehr Zeit; im Gegensatz zu Top Performern lassen durchschnittliche Unternehmen erst einmal vier bis sechs Wochen verstreichen, bevor Maßnahmen zur strukturellen und personellen Verzahnung der Unternehmensspitze ergriffen werden. In dieser Zeit treibt die Organisation gewissermaßen kopf- und führungslos umher. In einer Phase, in der beide Unternehmen ohnehin extrem verwundbar sind, fällt dann also auch noch regelmäßig die Führungsspitze aus und die Integration treibt dem Super-GAU entgegen.

Bemerkenswert auch: Durchschnittsunternehmen warten vier bis sechs Wochen bevor sie Maßnahmen zur Personalbindung ergreifen – zu lange – um gute Mitarbeiter wirkungsvoll an das Unternehmen binden zu können. Denn Headhunter und Wettbewerber gehen die Abwerbung der Top-Kräfte in der Regel schnell an. Bei Durchschnittsunternehmen liegen den High-Potentials deshalb vielfach bereits Konkurrenzangebote vor, bevor die Unternehmen überhaupt selbst an Bindungsmaßnahmen denken.

Integrationsvision schnell kommunizieren

Eine weitere zentrale Aufgabe der ersten Stunde der Integration ist die Entwicklung einer glaubwürdigen Kommunikation der Ziele der Integration. Die Integrationsvision muss zeigen, wo das neue Unternehmen in zwei bis vier Jahren stehen will. Allerdings ist dieser Prozess der Festschreibung des Integrationsprozesses in dieser frühen Phase nicht mit dem aufwändigen Prozess der Entwicklung von Unternehmensgrundsätzen gleichzusetzen. Dies wäre nicht praktikabel. Vielmehr muss das Top-Management schnell die aktuelle Marschzahl vorgeben. Dabei muss, damit der Weg nicht zu einem Zick-Zack-Kurs wird, das Ziel klar vorgegeben werden.

Nun könnte ein Blick auf den Zeitpunkt der Maßnahmen zur Erarbeitung einer Vision den Eindruck vermitteln, dass sich Top Performer und Durchschnitt eigentlich kaum unterscheiden. Dies ist, wenn man nur auf den Zeitraum der Maßnahmen schaut, sicherlich richtig. Integration Excellence erfordert aber nicht nur das richtige Timing der Maßnahmen sondern die richtige Dosierung. Die Ergebnisse zeigen an dieser Stelle, dass Top Performer bei der Erarbeitung der Integrationsvision um 33 Prozent höhere Anstrengungen unternehmen. Der Durchschnitt der Unternehmen hingegen führt die entsprechenden Maßnahmen nur halbherzig durch. Das Management wird eher von außen – von der Belegschaft, dem Kapitalmarkt oder der Wirtschaftspresse – getrieben, etwas zur Integrationsvision sagen zu müssen. Meistens lässt sich das nicht sehr viel länger als einen Monat hinauszögern. Dementsprechend sind die Äußerungen, die dabei gemacht werden, nicht das Ergebnis eines geordneten strategischen Entscheidungsprozesses. Sie dienen meist nur der Beruhigung aufgebrachter Interessengruppen und sind daher selten mehr als Lippenbekenntnisse.

Die Entwicklung eines Integrationsplans kann natürlich nicht im „luftleeren Raum" erfolgen. Die Integrationsplanung unterscheidet sich damit in ihrer Vorgehensweise nicht von den Anforderungen, die generell an eine erfolgreiche Unternehmensplanung zu stellen sind: Planung hat zielorientiert zu erfolgen, d. h. der zukünftig angestrebte Zustand muss klar den relevanten Akteuren präsentiert werden. Nicht vergessen werden dürfen dabei insbesondere die externen Akteure, also in erster Linie die Kunden und Lieferanten. Am Beispiel der Fusion von **Hewlett Packard** und **Compaq** lässt sich dies verdeutlichen:

„Was bleibt, was wird ausrangiert – die neue HP liefert ihren Kunden und Lieferanten bereits wenige Tage nach Vollzug des Mergers die Antwort. Detaillierte Produkt-Roadmaps für die einzelnen Bereiche definieren klar und überschaubar die Ergebnisse des radikalen, mit einem 200 Mann Team durchgeführten Hausputzes."

(Quelle: Frankfurter Allgemeine Zeitung vom 15.05.2003)

FAZIT: **Top Performer gehen bereits in den ersten beiden Wochen anders vor. Sie setzen nicht nur das Integrationsprojekt auf, sondern starten konkrete Maßnahmen zur strukturellen und personellen Verzahnung der Unternehmensspitze. Kern dieser Maßnahmen ist neben der Erarbeitung eines neuen Budgets und Mittelfristplans vor allem die Bindung von Kernmitarbeitern, die Benennung des neuen Top Managements und die Kommunikation der Integrationsvision.**

Maßnahmen nach vier bis sechs Wochen

Bei Durchschnittsunternehmen bricht aufgrund des Spätstarts nach circa sechs Wochen hektische Betriebsamkeit aus. Top Performer hingegen führen in dieser Zeit die Verzahnung der Führungsmannschaft systematisch weiter und starten jetzt mit Maßnahmen zur Ausrichtung des Mitarbeiterverhaltens.

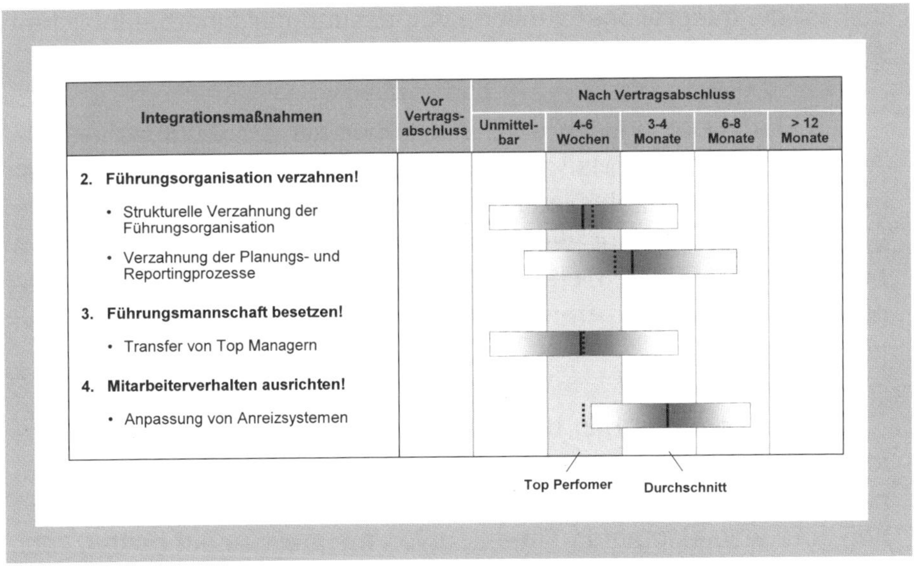

Abb. 31: Maßnahmen nach vier bis sechs Wochen

Top Performer adressieren das Mitarbeiterverhalten bereits in den ersten vier bis sechs Wochen

Einhergehend mit den Aktivitäten mit Blick auf die Integrationsvision müssen auch flankierende Maßnahmen auf den Weg gebracht werden, die sicherstellen, dass eine derartige Vision eben gerade nicht ein Lippenbekenntnis bleibt, sondern wirklich gewollt wird. Ein zentrales Instrument, das zeigt, dass die Vision auch gelebt werden soll, ist die integrationsorientierte Anpassung der innerbetrieblichen Anreizsysteme.

Top Performer passen sehr viel früher als der Durchschnitt die Anreizsysteme nach Maßgabe der Anforderung der Integration zielgerichtet an. Dadurch bieten sie ihren Mitarbeitern frühzeitig eine eindeutige Richtschnur, welches Verhalten belohnt und welches im neuen Unternehmen nicht erwünscht ist. Damit sind im Integrationsprozess frühzeitig transparente Spielregeln für alle Beteiligten geschaffen.

Ganz anders das Bild beim Durchschnitt: Während die Top Performer das entsprechende Maßnahmenbündel mit Schwerpunkt nach vier bis sechs Wochen durchführen, weist der Durchschnitt einen geradezu eklatanten Time-Lag von mehr als einem halben Jahr auf. Das Integrationsmanagement versäumt mit schöner Regelmäßigkeit, den Mitarbeitern bereits in den ersten 100 Tagen Anreize für die proaktive Unterstützung der Integration zu bieten. Organisatorische Widerstände gegen die Integration sind daher oftmals weniger naturgegeben als vielmehr durch mangelndes Integrationsmanagement hausgemacht. Wie kann eine Integrationsvision glaubhaft gelebt und zur Richtschnur für unternehmerisches Handeln werden, wenn versäumt wird, den Worten auch Taten folgen zu lassen?

Da das Integrationsmanagement in den weitaus meisten Fällen das Anreizsystem nur unzureichend an die Erfordernisse der Integration anpasst, sind die Mitarbeiter nur selten dazu bereit, ihre Fähigkeiten im Sinne der Integration einzusetzen. Durchschnittsunternehmen laufen damit Gefahr, dass die Integration trotz ausreichender Fähigkeiten und Kenntnisse der Mitarbeiter am fehlenden Willen und der Motivation scheitert.

Unsere Studie belegt, dass rund 90 Prozent der Unternehmen überhaupt gar keine Maßnahmen ergreifen, um ihren Mitarbeitern integrationsbezogene Anreize zu bieten. In der Regel gehen die Mitarbeiter bei Integrationen also leer aus. Das Integrationsmanagement fordert Beiträge von den Mitarbeitern ein, ohne die entsprechenden Anreize zu bieten. Damit wird versäumt, die Grundlage für eine gleichwertige Partnerschaft zu schließen, die eine erfolgreiche Integration als gemeinsames Ziel verfolgt. Es ist in der Regel der Fälle also nur wenig verwunderlich, wenn die Mitarbeiter der Integration ablehnend gegenüberstehen. Widerstände aufgrund mangelnder Motivation der Mitarbeiter sind damit vielfach von Anfang an vorprogrammiert.

Die Versetzung von Top Managern muss in der Frühphase der Integration mit Nachdruck verfolgt werden

Anscheinend ist die Erkenntnis, dass Top Manager sehr schnell ihren neuen Posten besetzen müssen, nichts Neues im Unternehmen, wenn Integrationsmaßnahmen anstehen. Top Performer und die durchschnittliche Integration unterscheiden sich hier im Timing nicht. Aber Vorsicht: Die bereits oben präsentierten Ergebnisse zur Intensität der ergriffenen Maßnahmen zeigen, dass Top Performer auf diesem Feld wesentlich nachhaltigere Anstrengungen unternehmen. Das richtige Timing und die richtige Intensität sind der Schlüssel zum Erfolg. Der Durchschnitt der analysierten Unternehmen liegt zwar beim Timing richtig. Die Maßnahmen zur Versetzung/Umsetzung von Top Managern werden aber nur halbherzig in Angriff genommen. Man ist der Meinung, dass die Besetzung des neuen Vorstands bereits ausreichend wäre. Ein Trugschluss! Mindestens die Ebene unter dem Vorstand muss ebenfalls in Angriff genommen werden.

Dass man sich auch mit unpopulären Schritten nicht allzu viel Zeit lassen sollte, verdeutlichen die Aussagen zur **DaimlerChrysler**-Fusion:

„Firmenfusionen sind Zeiten des Wandels. Harte und unpopuläre Entscheidungen müssen getroffen und bekannt gemacht werden. Dazu zählt beispielsweise auch die Entscheidung, welche Personen im neuen Konzern Verantwortung übernehmen und welche gegebenenfalls ausscheiden. So war es wenig überraschend, dass einige leitende Mitarbeiter nach der Fusion das Unternehmen verließen.
In Zeiten des Wandels besteht der Wunsch nach Harmonie. Trotzdem sollten unbequeme Veränderungen besser sofort durchgeführt und nicht auf einen späteren Zeitpunkt verschoben werden. Der Widerstand gegenüber Veränderungen ist im Nachhinein viel stärker als zu den Zeiten, in denen ohnehin mit Veränderungen gerechnet wird.“

Christoph Walter,
Leiter des Bereiches Kommunikation,
DaimlerChrysler AG

(Quelle: Johanssen, K.-P.; Steger, U., Lokal oder Global?, Frankfurt 2001, S. 187)

FAZIT: **Top Performer führen in den ersten vier bis sechs Wochen die Maßnahmen zur strukturellen und personellen Verzahnung der Führungsorganisation systematisch weiter. Ganz im Gegensatz zum Durchschnitt ergreifen Top Performer allerdings jetzt schon Maßnahmen zur Ausrichtung des Mitarbeiterverhaltens. Die Anpassung der Anreizsysteme spielt hierbei eine zentrale Rolle.**

Maßnahmen nach drei bis vier Monaten

Während Durchschnittsunternehmen nach circa drei bis vier Monaten auf breiter Front mit einer Vielzahl unterschiedlichster Integrationsthemen kämpfen, können sich Top Performer aufgrund des Kickstarts und der frühzeitigen Fokussierung vollends auf die Integration der operativen Bereiche konzentrieren. Dies gilt sowohl für die strukturelle und systemseitige Verzahnung des Tagesgeschäfts als auch für die Schaffung der erforderlichen personellen Voraussetzungen. Damit bilden Maßnahmen zur Verzahnung des operativen Tagesgeschäfts für Top Performer den eindeutigen Schwerpunkt nach den ersten drei bis vier Monaten.

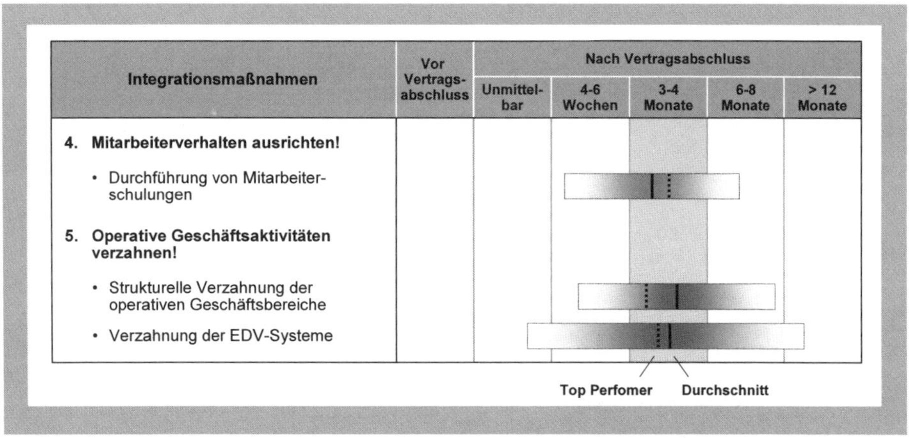

Abb. 32: Maßnahmen nach drei bis vier Monaten

Top Performer fokussieren nach drei bis vier Monaten auf die Verzahnung des operativen Tagesgeschäftes

Aufgrund des verschlafenen Starts können Durchschnittsunternehmen sich nicht ausschließlich auf die Verzahnung des operativen Geschäfts konzentrieren. Aufgrund des Zeitverzugs müssen Durchschnittsunternehmen die Verzahnung der operativen Bereiche zeitlich parallel neben einer Vielzahl anderer kritischer Themenstellungen bewerkstelligen. Durchschnittsunternehmen müssen so nach drei bis vier Monaten in etwa doppelt so viele Maßnahmen adressieren wie Top Performer. Viele Unternehmen verzetteln sich hierbei und werden der schieren Komplexität einfach nicht mehr Herr; die Integration gerät ins Stocken und droht mitunter sogar gänzlich zu scheitern.

Das Integrationsmanagement gerät in diesen Fällen dann oftmals unter permanenten Zugzwang in eine Situation, in der es nur noch reagieren und nicht mehr gestalten kann. Die Fülle zeitkritisch notwendiger ad-hoc Entscheidungen macht ein proaktives und flexibles Management der Integration unmöglich. Wie bei einem Buschbrand droht die Feuerwalze das Projektmanagement zu überrollen. Die Phase nach den ersten drei bis vier Monaten bildet damit im Regelfall die weitaus kritischste Phase der gesamten Integration.

Erschwerend kommt hinzu, dass im Regelfall die operative Umsetzung der Integration nach drei bis vier Monaten in Angriff genommen wird; zu einem Zeitpunkt also, an dem durchschnittliches Integrationsmanagement ihre Organisation bereits eine lange steile Grade heraufgetrieben hat und damit die Grenzen der Belastbarkeit von Mitarbeitern und Organisation vielfach erreicht sind. In dem Moment, da die Organisation also für die Verzahnung des operativen Tagesgeschäfts so fit wie möglich sein muss, treten im Regelfall eindeutige Ermüdungserscheinung und Ausfälle auf.

Dies ist dann oftmals auch noch der Moment, an dem die schrittweise und mühevoll aufgebaute Begeisterung für die Integration durch die Überforderung eine erste und deutlich wahrnehmbare Delle erfährt. Die Motivation der Mitarbeiter sowie die Bereitschaft zur proaktiven Unterstützung der Integration beginnen abzusinken. Da Durchschnittsunternehmen durch geeignete Anpassung des Anreizsystems hier vielfach nicht vorgesorgt haben, befindet sich die Motivation nach drei bis vier Monaten oftmals im freien Fall.

Deutlich anders das Vorgehensmuster bei Top Performern. Durch den Kickstart wurden zahlreiche wichtige Integrationsaufgaben bereits in den ersten drei Monaten in Angriff genommen. Vor allem gilt dies sowohl für die strukturelle als auch personelle Verzahnung der Führungsorganisation. Top Performer bringen die Verzahnung der Unternehmensspitze also zunächst vollständig auf den Weg, bevor sie mit der Verzahnung der operativen Bereiche beginnen. Diese Unternehmen wissen: Nur mit der tragfähigen Verzahnung der Führungsspitze ist ein ausreichendes Fundament für den Bau des neuen Hauses gelegt. Ist das Fundament durch faule Kompromisse und überhastete Entscheidungen unterhöhlt, droht es insgesamt einzustürzen. Gleich wie stark die operativen Säulen auch sein mögen.

Stärkend kommt hinzu, dass Top Performer zum Zeitpunkt der operativen Verzahnung auf eine weitestgehend ausgeruhte und relativ frische Organisation zurückgreifen können. Denn sie haben das Tempo nach der Verzahnung der Führungsorganisation merklich zurückgenommen und ihr eine Verschnaufpause gegönnt. So können sich Top Performer mit einer ausgeruhten Organisation vollends auf die operative Verzahnung konzentrieren.

Top Performer nehmen sich für die operative Verzahnung deutlich mehr Zeit

Durch das zeitliche Auseinanderziehen der Aufgaben zerlegen Top Performer die Komplexität in kleine Happen und machen die operative Integration für die Organisation leichter verdaulich. Top Performer schaffen es so, die operative Integration in aller Ruhe, weit weg von der PR-trächtigen Hektik im Zusammenhang mit der Vertragsunterzeichnung, und mit dem nötigen langen Atem durchzuführen. Unnötige Irritationen der Organisation werden vermieden. Hierbei zählen systematisches und konsequentes, vielfach auch im Verborgenden wirkendes Projektmanagement und weniger publikumswirksame Hauruckaktionen.

Noch deutlicher wird dieses wohl temperierte Vorgehen bei den Top Performern im Dienstleistungsbereich. Sie lassen sich für die Hauptaktivitäten bei der Verzahnung der EDV-Systeme deutlich mehr Zeit als die Top Performer des verarbeitenden Sektors. Die Integration von Informations- und Kommunikationssystemen ist die große Herausforderung vor allem im Dienstleistungssektor. Nur wenn diese gelingt, ist es möglich, auch die avisierten Integrationssynergien im Bereich von Marketing und Vertrieb sowie bei der Strukturierung der administrativen Prozesse zu erreichen. Integration Excellence in diesem Bereich setzt also nicht auf Tempo um jeden Preis, es wird allerdings auch nichts auf die lange Bank geschoben, denn der Schwerpunkt der Entscheidungen im Zusammenhang mit der EDV-Integration fällt zu Beginn des zweiten Halbjahres.

Bei den Schulungsmaßnahmen sind die Top Performer vom Timing her etwas – allerdings eher unwesentlich – langsamer als die Durchschnittsunternehmen. Sie lassen sich im Regelfall ein halbes Jahr Zeit bis Schulungsmaßnahmen in Angriff genommen werden.

Sie befinden sich jetzt bereits in der Phase – wenn man sich das doppelte S des Integrationsmanagements nochmals vor Augen führt –, in der man sich durchaus etwas Zeit lassen kann. Denn immerhin ist ja bereits eine ganze Menge auf den Weg gebracht. Der Durchschnitt der Unternehmen hingegen hat – aufgrund des Spätstarts zahlreicher Integrationsmaßnahmen – jetzt noch viel nachzuholen. Insofern besteht an dieser Stelle die Gefahr, dass bestimmte Maßnahmen nicht mit dem notwendigen Nachdruck ergriffen werden.

Auch hier zeigt ein Blick auf die weiter oben vorgestellten Intensitätsniveaus der Einzelmaßnahmen, wo der Schlüssel zum Erfolg liegt. Schulungsmaßnahmen werden von den Top Performern deutlich nachhaltiger durchgeführt. Auch an dieser Stelle zeigt sich Integration Excellence in der durchdachten und geplanten Durchführung von Schulungsmaßnahmen. Hierfür sollten Unternehmen sich im Zweifelsfall durchaus etwas mehr Zeit lassen. Andernfalls besteht die Gefahr, Alibi-Schulungen ohne wirkliches inhaltliches Commitment durchzuführen.

Fazit: **Im Rahmen der zweiten Maßnahmenwelle nach drei bis vier Monaten treiben Spitzenunternehmen die Neuausrichtung des Mitarbeiterverhaltens besonders durch Schulungsmaßnahmen systematisch voran. Vor allem aber fokussieren Top Performer zu diesem Zeitpunkt auf die Verzahnung der operativen Geschäftsaktivitäten. Hierbei bildet die strukturelle Integration der Tagesgeschäfte und vor allem die Verzahnung der EDV einen zentralen Stellenwert.**

Maßnahmen im zweiten Halbjahr

Betrachtet man die Maßnahmen, bei denen sich Top Performer deutlich Zeit lassen, die also ihren Schwerpunkt erst im zweiten Halbjahr nach Vertragsabschluss haben, so zeigen die Ergebnisse der Excellence Studie zum Teil dramatische Unterschiede zwischen Top Performern und Durchschnittsunternehmen.

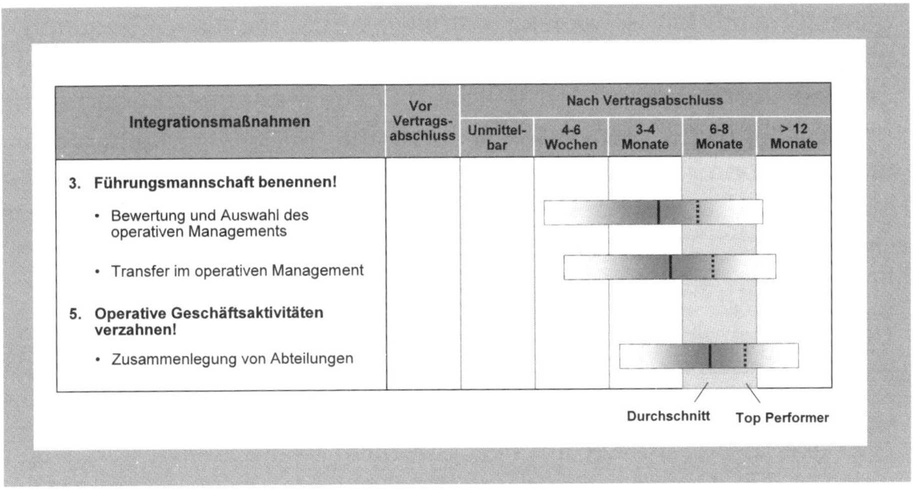

Abb. 33: Maßnahmen mit Schwerpunkt zweites Halbjahr

Die Tatsache, dass Top Performer sich bei bestimmten Maßnahmen „Zeit lassen" – besser gesagt sich Zeit lassen können –, darf aber nicht dahingehend interpretiert werden, dass es sich bei diesen Maßnahmen um unwichtige Maßnahmen handelt. Integration Excellence zeichnet sich nicht nur durch das richtige Timing der Maßnahmen aus, sondern auch durch deren richtige Dosierung. Und gerade wenn es um verstärkte Anstrengungen bei bestimmten Maßnahmen geht, ist es von Vorteil, wenn man Zeit hat, diese Maßnahmen vernünftig zu konzipieren.

Erst nach 6 Monaten werden verstärkt Versetzungen beim operativen Management durchgeführt

Top Performer lassen sich mehr als ein halbes Jahr Zeit, bis sie mitarbeiterbezogene Transfermaßnahmen im mittleren Management ergreifen. Man ist hier deutlich langsamer als der Durchschnitt. Auch hier ist ein Blick auf die Intensität der ergriffenen Maßnahmen aufschlussreich. Sie ergreifen um 60 Prozent intensivere Maßnahmen, die auf den Transfer von Middle-Management gerichtet sind. Mit Vehemenz werden hier die „richtigen Personen" auf die Positionen gebracht, an denen sie mithelfen können, die größten Wertpotenziale zu realisieren. Top Performer lassen sich hierfür Zeit! Nur so vermeiden sie unnötige Aufregungen und unsinnige und übereilte Versetzungen.

Das Zusammenlegen von Abteilungen erfordert Zeit

Ebenfalls erst im zweiten Halbjahr nach Vertragsabschluss werden von den Top Performern verstärkt Maßnahmen zur Zusammenlegung von Abteilungen unternommen. Auch dabei lassen sie sich mehr Zeit als der Durchschnitt der Unternehmen. Vor dem Hintergrund der Schwierigkeiten, die bei diesem Aufgabenbündel zu bewältigen sind, handeln Top Performer überlegt. Vorschnelle Integrationen, die dann nur auf dem Papier in Form eines neuen Organigramms stehen, unterbleiben.

Wenn die Entscheidung zur Zusammenlegung von Abteilungen getroffen wurde, dann muss man sich auch intensiv den innerhalb der Abteilungen ablaufenden Prozesse zuwenden, um hier eine effiziente Verzahnung herzustellen. Nur so lassen sich dann auch die avisierten Synergien wirklich realisieren.

Fazit: **Top Performer nutzen das zweite halbe Jahr vor allem dazu, um das Zusammenwachsen des operativen Tagesgeschäfts durch eine systematische personelle und physische Verzahnung von Abteilungen weiterzutreiben.**

Appendix:

Methodik und Vorgehensweise

Forschungsdesign:

Die empirische Basis für das vorliegende Buch bildet ein mehrjähriges Forschungsprojekt der Unternehmensberatung Accenture und der Universität zu Münster. Im Rahmen dieser gemeinsamen Forschungsarbeit wurden unter anderem zwei empirische Studien erarbeitet, deren Ergebnisse in das vorliegende Buch eingeflossen sind.

Erfolgsfaktoren-Studie:
Im Rahmen der Erfolgsfaktoren-Studie wurden insgesamt mehr als 120 Unternehmen weltweit untersucht. Befragt wurden im Rahmen dieser Studie jeweils diejenigen Führungskräfte, die als Projektleiter die Integrationen verantwortlich betreut haben. Die konzeptionelle Basis der Erfolgsfaktoren-Studie bildet ein multivariates Integrationsmodell, dass nach Maßgabe pfadanalytischer Verfahren quantitativ ausgewertet wurde.

Akzeptanz-Studie:
In Ergänzung zu der hier im Zentrum stehenden Erfolgsfaktorenstudie haben wir eine Umfrage unter deutschen Führungskräften durchgeführt, die zeigen sollte, welche Erfolgsrezepte Manager bei Post Merger Integrationen anwenden. Befragt wurden Führungskräfte der ersten drei Führungsebenen in 70 Unternehmen. Dabei handelt es sich um 30 Unternehmen, die im DAX 100 notiert sind und um 40 börsennotierte Unternehmen die der sogenannten New Economy zuzurechnen sind.

Erfolgsfaktoren-Studie

Was wir unter dem Begriff „Merger" verstehen?

Nach Maßgabe der Einschränkung der wirtschaftlichen Selbstständigkeit von Unternehmen können aus statischer Sichtweise zwei Formen von Unternehmenszusammenschlüssen unterschieden werden:

- Wird die wirtschaftliche Selbstständigkeit von Unternehmen durch den Zusammenschluss lediglich eingeschränkt, so kann von *Unternehmenskooperation* gesprochen werden. Als Beispiele für Formen von Unternehmenskooperationen können neben Wirtschaftsverbänden und Genossenschaften auch strategische Allianzen und Gemeinschaftsunternehmen (Joint Venture) gelten.

- Wird jedoch durch einen Zusammenschluss die wirtschaftliche Selbstständigkeit von Unternehmen nicht nur eingeschränkt, sondern vollständig aufgehoben, so kann von *Unternehmensvereinigung* gesprochen werden. Im Hinblick darauf, dass Aspekte einer organisatorischen Verzahnung, insbesondere bei der vollständigen Aufgabe der wirtschaftlichen Selbstständigkeit von Unternehmen, eine nicht unwesentliche Rolle spielen dürften, bilden Unternehmensvereinigungen den Untersuchungsgegenstand vorliegender Studie.

Je nachdem, inwieweit die beteiligten Unternehmen infolge der Vereinigung nicht nur ihre wirtschaftliche, sondern auch ihre rechtliche Selbstständigkeit verlieren, lassen sich Fusionen und Akquisitionen unterscheiden. Im Gegensatz zu Akquisitionen, bei denen das erworbene Unternehmen üblicherweise seine rechtliche Selbstständigkeit behält, verliert bei Fusionen mindestens eines der beteiligten Unternehmen die rechtliche Selbstständigkeit. Gibt das erworbene Unternehmen seine rechtliche Selbstständigkeit auf und es wird infolge der Vereinigung in das Käuferunternehmen eingegliedert, so kann von Fusion durch Aufnahme gesprochen werden. Fusionen, bei denen sowohl der Erwerber als auch das erworbene Unternehmen ihre eigene Rechtspersönlichkeit aufgeben und in ein neugegründetes Unternehmen eingehen, lassen sich als Fusion durch Neugründung charakterisieren. Im Hinblick darauf, dass die Unterscheidung zwischen Fusionen und Akquisitionen primär lediglich juristischer Natur ist, umfasst der Mergerbegriff im Rahmen der vorliegenden Studie sowohl Fusionen als auch Akquisitionen.

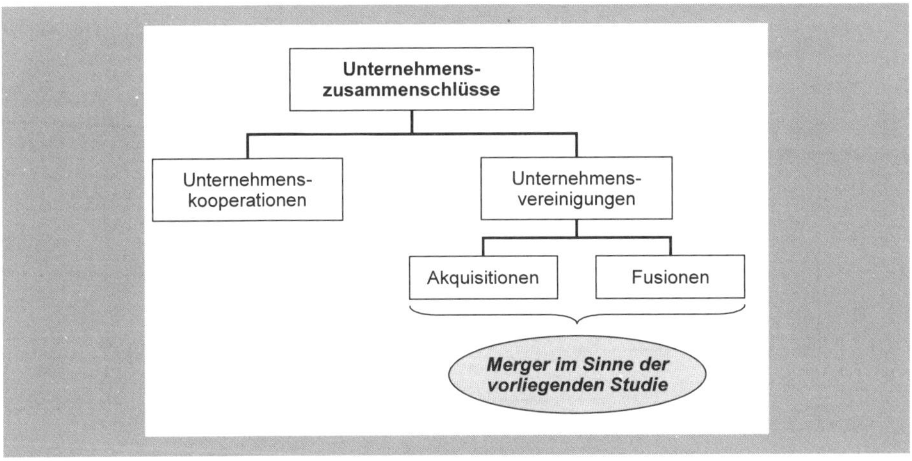

Abb. 34: Ausprägungsformen von Unternehmenszusammenschlüssen

Welche Vorgehensweise wurde zur Prüfung der Post Merger Binsenweisheiten gewählt?

Untersucht wurde der Einfluss von mehr als 40 Erfolgsfaktoren, die in ihrem interdependenten Zusammenhang vielfach für den Erfolg oder Misserfolg von Integrationsprojekten verantwortlich gemacht werden. Es sind dies letztlich diejenigen Größen, die hinter den vorgestellten Erfolgsrezepten stehen. Die Basis für diese Analyse bildete ein multivariates Integrationsmodell, dessen Grobstruktur in der nachfolgenden Abbildung dargestellt ist und fünf zentrale Analyseblöcke umschließt.

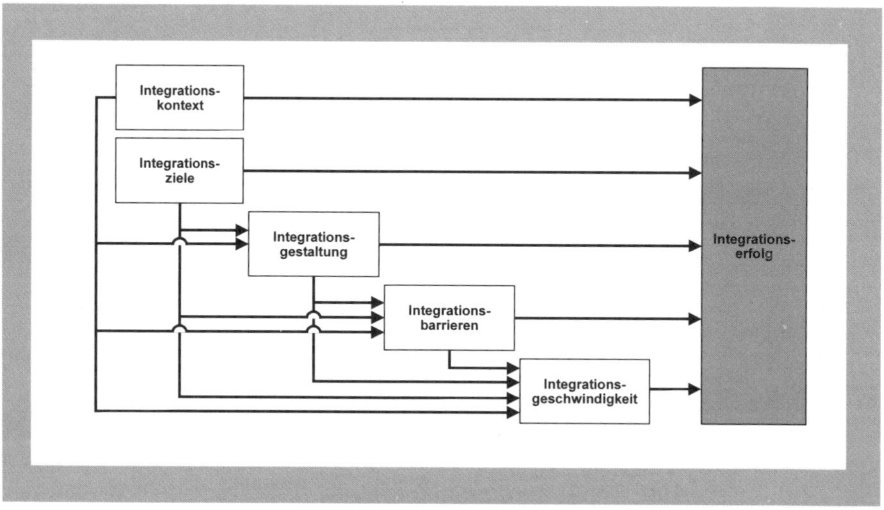

Abb. 35: Grobstruktur des Integrationsmodells

- Integrationskontext:
  Unter diesem Begriff werden situative Erfolgsfaktoren von Integrationen erfasst. In unserer Untersuchung haben wir die folgenden Kontextmerkmale untersucht: Merger-of-Equals, Crossborder Merger und Corporate Merger.

- Integrationsziele:
  Diese Gruppe erfasst Ziele, die das erwerbende Unternehmen mit der Integration verfolgt. Integrationsziele werden in der vorliegenden Untersuchung entlang der Funktionsbereiche Forschung und Entwicklung, Leistungserstellung, Logistik, Marketing & Vertrieb, Beschaffung und Administration als angestrebter Transfer von im-/materiellen Ressourcen konzeptionalisiert.

- Integrationsgestaltung:
  Hinter diesem Begriff verbergen sich Maßnahmen, die primär das erwerbende Unternehmen vor allem nach dem Übergang der Leitungsmacht zur Gestaltung der Integration ergreifen kann. Im Rahmen der Studie wurde eine Vielzahl unterschiedlicher Integrationsmaßnahmen untersucht; das Spektrum reicht dabei von der Erarbeitung einer Vision über die Verzahnung von EDV-Systemen bis zur Benennung von Führungskräften.

- Integrationsbarrieren:
  Unter diesem Begriff werden organisatorische Widerstände zusammengefasst, die das Fortschreiten der Integration behindern. Neben der mangelnden Bereitschaft des Top-Managements zur Zusammenarbeit, umfasst das Spektrum der Integrationsbarrieren z. B. auch mangelnde Fähigkeiten auf Seiten der Mitarbeiter sowie administrative Widerstände.

- Integrationsgeschwindigkeit:
  Dieser Terminus erfasst, wie schnell das Management eine Integration nach vorne treibt; d. h. wie schnell das Management einzelne Integrationsmaßnahmen in Angriff nimmt.

Im Rahmen unserer Studie haben wir uns nicht nur darauf beschränkt, den singulären Einfluss dieser einzelnen Erfolgsfaktoren auf den Integrationserfolg zu untersuchen. Vielmehr wurden im Rahmen einer Pfadanalyse zusätzlich die interdependenten Beziehungen der Erfolgsfaktoren durchleuchtet. Auf diese Weise erhält man ein umfassendes Bild der Wirkungsweise der zentralen Erfolgsgrößen der Integration.

Im Gegensatz zu bivariaten Modellen, bei denen der Einfluss eines einzelnen unabhängigen Merkmals auf eine abhängige Variable untersucht wird, ermöglicht die Verwendung eines multivariaten Pfadmodells, die Erfolgswirkungen einer Vielzahl von Einflussgrößen auf eine unabhängige Größe simultan zu untersuchen. Durch die Verwendung eines multivariaten Modells unterscheidet sich unser Ansatz maßgeblich von herkömmlichen Untersuchungsansätzen. Insbesondere praxisnahe Beiträge zum Thema Mergers & Acquisitions und Post Merger Integration basieren ihre Aussagen überwiegend auf relativen Häufigkeitsverteilungen sowie bivariaten Korrelationen. Da solche Untersuchungen typischerweise lediglich einen einzelnen Erfolgsfaktor berücksichtigen, wird sowohl von dem Einfluss anderer Faktoren als auch von möglichen Abhängigkeiten zwischen den Faktoren abstrahiert. Dies ist eine Annahme, die dem Vergleich mit der Realität nur bedingt standhält. Wird z. B. der Erfolg einer Integration ausschließlich dahingehend untersucht, ob die Unternehmen eine ähnliche Unternehmensgröße aufweisen (Merger-of-Equals), so wird übersehen, dass zugleich weitere Faktoren auf den Integrationserfolg einwirken können, wie z. B. die Herkunft der Unternehmen oder aber die Integrationsmaßnahmen, die das Management ergreift.

Pfadanalytische Auswertungsmethoden basieren auf der wiederholten Durchführung von Regressionsrechnungen. Eine solche Vorgehensweise erlaubt nicht nur, signifikante Einflussbeziehungen zu identifizieren, sondern auf Basis eines multivariaten Integrationsmodells ebenfalls die relative Stärke der Einflussbeziehungen zu quantifizieren. Demnach ermöglicht die von uns angewandte Vorgehensweise sowohl festzustellen, von welchen Faktoren signifikante Einflussbeziehungen ausgehen, als auch signifikante Erfolgsmechanismen zu quantifizieren. Demnach konnte auf Basis der gewählten Vorgehensweise die Stärke der verschiedenen Erfolgseinflüsse untereinander verglichen werden und so die Top-Erfolgsgrößen von Post Merger Integrationen herausgefiltert werden.

Wie werden die Erfolgsfaktoren gemessen?

Die nachfolgende Abbildung zeigt das operationalisierte Integrationsmodell zur Bestimmung der zentralen Erfolgsfaktoren der Post Merger Integration im Überblick. Im Detail ist hierunter Folgendes zu verstehen:

Integrationskontext

Zur Bestimmung des Integrationskontextes wurden die folgenden Merkmale gemessen:

- Merger-of-Equals:
  Die relative Unternehmensgröße wird dichotom gemessen. Die Variable Merger-of-Equals zeigt an, ob die absolute Unternehmensgröße (gemessen an der Zahl der Beschäftigten) bei beiden Unternehmen in etwa gleich ist.

- Cross-border Merger:
  Dieses Merkmal bezieht sich auf Unterschiede in herkunftsgeprägten Wertehaltungen der Mitarbeiter und darauf aufbauenden unterschiedlichen Unternehmens- bzw. Managementkulturen. Von sozio-kulturellen Unterschieden wird gesprochen, wenn sich der Hauptsitz der fusionierenden Unternehmen nicht im selben Land befindet. Dieser Fall wird als „Cross-border Merger“ bezeichnet.

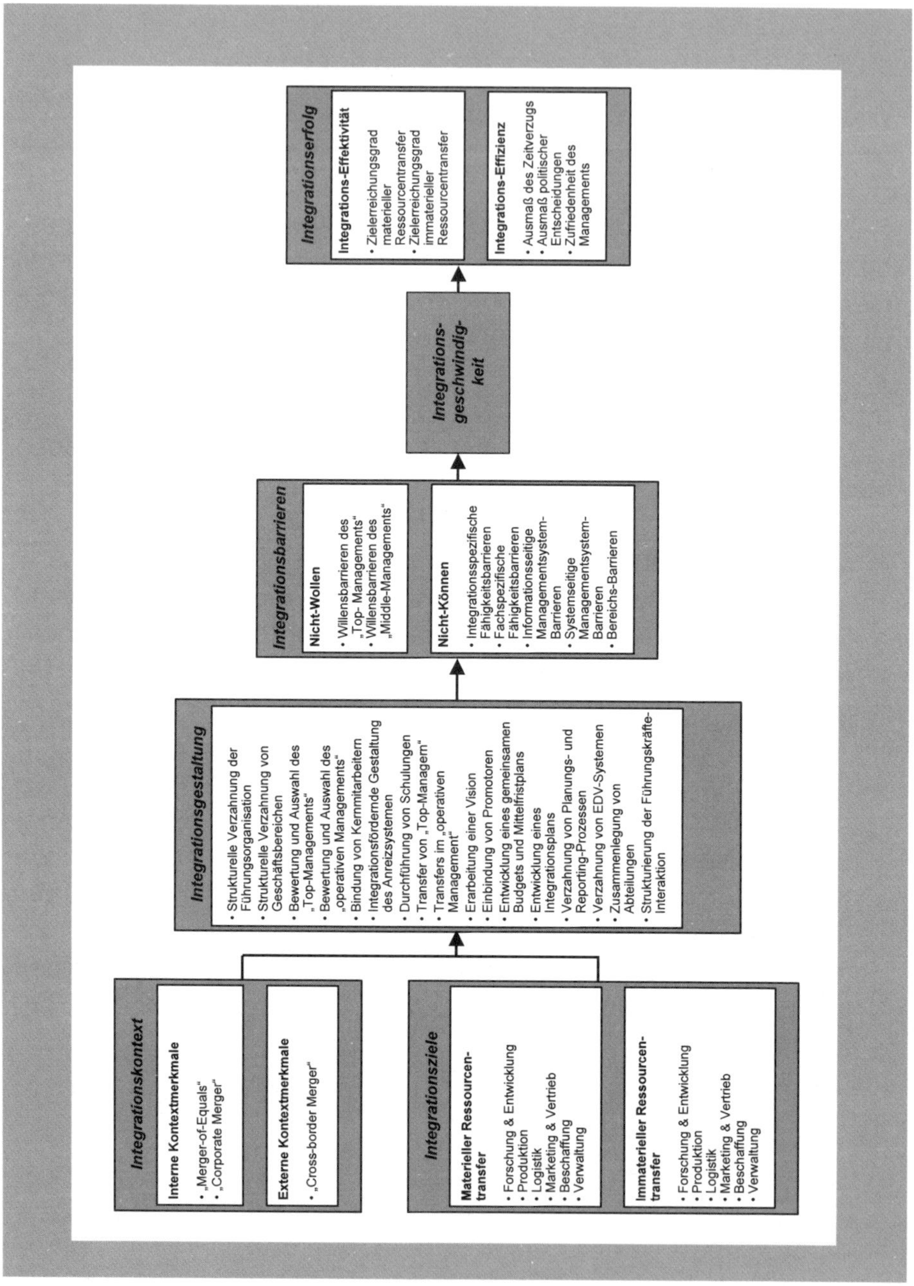

Abb. 36: Operationalisiertes Integrationsmodell

- Corporate Merger:
  Unter diesen Begriff fallen solche Formen, bei denen Unternehmen integriert werden, die bereits vor der Zusammenführung ein und derselben Mutterorganisation angehörten. In der vorliegenden Untersuchung wird das Merkmal Corporate Merger nach Maßgabe der Eigentumsverhältnisse operationalisiert, d. h. es wird dann von einem Corporate Merger gesprochen, wenn die beteiligten Unternehmen bereits vor der Zusammenführung einem Konzernverbund angehörten.

Integrationsziele

Integrationsziele sind in der vorliegenden Untersuchung als angestrebter Transfer von materiellen bzw. immateriellen Ressourcen konzeptionalisiert worden. Aus einer ressourcenorientierten Perspektive kann die Unterscheidung in primäre und unterstützende Ressourcen als Ansatzpunkt für die Operationalisierung der Integrationsziele dienen.

- Als *primäre Ressourcen* charakterisiert man diejenigen, welche im Rahmen der Erstellung eines Produktes bzw. einer Dienstleistung, dessen Verkauf und Übermittlung an den Abnehmer sowie der Abnehmerbetreuung im Rahmen des Kundendienstes eingesetzt werden. Sie lassen sich oftmals einzelnen betrieblichen Funktionsbereichen, wie z. B. Produktion oder aber Marketing & Vertrieb, zuordnen. Beispielhaft für einen Transfer primärer immaterieller Ressourcen lässt sich der Transfer von detaillierten Marketing- und Vertriebskenntnissen nennen. Die gemeinsame Nutzung von Fertigungsanlagen bildet ein Exempel für den Transfer primärer materieller Ressourcen. Im Rahmen der vorliegenden Studie werden für die folgenden betrieblichen Funktionsbereiche immaterielle bzw. materielle Ressourcentransfers im Sinne von Integrationszielen unterschieden: Forschung & Entwicklung, Produktion, Logistik sowie Marketing & Vertrieb.

- Im Gegensatz zu den primären lassen sich *unterstützende Ressourcen* nur bedingt einzelnen Funktionsbereichen zuordnen.

Sie werden vielmehr funktionsübergreifend für das gesamte Unternehmen eingesetzt. Beispielhaft für den Transfer unterstützender immaterieller Ressourcen lässt sich der Transfer von General Management Fähigkeiten, wie Know-how zur adäquaten Nutzung strategischer Planungs- und Kontrollsystemen, nennen. Die gemeinsame Nutzung eines unternehmensweiten EDV-gestützten Beschaffungssystems liefert ein Exempel für den Transfer unterstützender materieller Ressourcen. Im Rahmen der vorliegenden Studie werden die folgenden beiden unterstützenden immateriellen bzw. materielleren Ressourcentransfers unterschieden: Beschaffung sowie Verwaltung.

Integrationswiderstände

Die Widerstände gegen die Integration werden auf zwei Ursachen zurückgeführt: die Barriere des Nicht-Könnens und die Barriere des Nicht-Wollens. Beide werden wie folgt gemessen:

- *Nicht-Können Barriere:* Gefragt wurde, inwieweit operative Bereichsbarrieren, informationsseitige Managementsystem-Barrieren, fachspezifische Fähigkeitsbarrieren, integrationsspezifische Fähigkeitsbarrieren und systemseitige Managementsystem-Barrieren existierten.

- *Nicht-Wollen Barriere:* Gefragt wurde, inwieweit eine Willensbarriere beim Top-Management und eine Willensbarriere beim Middle-Management vorlag.

Integrationsgeschwindigkeit

Die „Integrationsgeschwindigkeit" bringt zum Ausdruck, wie groß der Anteil der Integrationsmaßnahmen ist, der von den Unternehmen bis zu einem bestimmten Zeitpunkt in Angriff genommen worden ist. Ausgehend vom Zeitpunkt der Vertragsunterzeichnung werden sechs Zeitpunkte unterschieden: „vor Vertragsunterzeichnung", „unmittelbar nach Vertragsunterzeichnung", „3 – 4 Monate nach Vertragsunterzeichnung", „6 – 8 Monate nach Vertragsunterzeichnung" sowie „größer als 12 Monate nach Vertragsunterzeichnung". Die Integrationsgeschwindigkeit wird dann im Sinne einer

Taktfrequenz operationalisiert. Es wird gemessen, wie groß der bis zu einem bestimmten Zeitpunkt von den Unternehmen in Angriff genommene Anteil der Integrationsmaßnahmen ist. Je größer der Anteil desto höher ist die Taktfrequenz und desto höher ist die Integrationsgeschwindigkeit.

Integrationserfolg

Eine Vielzahl empirischer Studien zum Thema „Merger & Acquisitions“ und „Post Merger Integration“ verwenden kapitalmarktbasierte Kenngrößen als Maßstab für den „Integrationserfolg“. Typischerweise werden in diesem Zusammenhang Entwicklungen des Aktienkurses des fusionierten Unternehmens im Vergleich zu Branchendurchschnitten bewertet. Problematisch ist dabei, dass die Entwicklung des Aktienkurses nicht singulär den Effekt einer geglückten bzw. misslungenen Post Merger Integration widerspiegelt, sondern sich vielmehr als Summe verschiedener unternehmensspezifischer und marktspezifischer Einflüsse zusammensetzt. Da bislang die Frage danach, wie aus einer kapitalmarktbasierten Kenngröße der Effekt, der ausschließlich auf die Post Merger Integration zurückzuführen ist, herausgefiltert werden kann, nicht befriedigend beantwortet ist, erfolgt die Beurteilung des Integrationserfolgs nach Maßgabe der Führungskräftebefragung. Zwar ist grundsätzlich davon auszugehen, dass auch eine Erfolgseinschätzung durch Befragung von Führungskräften gewisse Tendenzen in den Antworten enthalten, jedoch ist die Stärke dieser „Verzerrungen“ angesichts des Ergebnisses der Befragung eher als gering zu bewerten. Wie oben bereits ausgeführt, sind 62 Prozent der Post Merger Integrationen nicht erfolgreich; ein Wert, der mit früheren Studien durchaus vergleichbar erscheint.

Im Rahmen der Befragung wurde der Integrationserfolg in zwei Dimensionen erfasst:

- Zunächst wurde erfasst, inwieweit die Ziele erreicht wurden, die der Erwerber mit der Integration anstrebte. Demnach wurde der Zielerreichungsgrad als Maßstab für die *Effektivität* der Integration herangezogen.

- Vor dem Hintergrund, dass z. B. die Konsolidierung von Produktionsstandorten alleine noch lange keine erfolgreiche Post Merger Integration begründet, wenn z. B. das Management der erworbenen Gesellschaft das neue Unternehmen verlässt, wurde der Integrationserfolg im Rahmen unserer Studie auch nach Maßgabe von Kriterien der *(sozialen) Effizienz* bewertet. Hierzu gehört neben der Zufriedenheit des Managements des erwerbenden Unternehmens, ferner die Zufriedenheit des Managements des erworbenen Unternehmens sowie die Einhaltung wesentlicher Meilensteine des Integrationsplans.

Da die beiden Maßstäbe des Integrationserfolgs in der Stichprobe hoch korrelierten wurden die beiden Maßstäbe faktorenanalytisch zu einer Erfolgskennzahl („Integrationserfolg") verdichtet.

Akzeptanz-Studie

Im Rahmen der Akzeptanz-Studie wurde nach dem Grad der Zustimmung zu folgenden, von uns im Rahmen der Erfolgsfaktorenstudie als Binsenweisheiten entlarvten Erfolgsrezepten gefragt:

- „Situative Rahmenbedingungen entscheiden letztlich über den Erfolg bzw. Misserfolg von Integrationen!"
- „Je schneller ein Integrationsprozess abläuft, desto erfolgreicher ist er!"
- „Mitarbeiterwiderstände bilden die größte Integrationsbarriere"!
- „Weiche Maßnahmen sind zur Sicherstellung des Integrationserfolges wichtiger als harte!"

Um das Antwortverhalten der befragten Manager besser einordnen zu können, wurden ergänzend folgende demographische Variablen erhoben:

- Die hierarchische Positionierung: 20 Prozent der Befragten waren Mitglied des Vorstandes der Unternehmen.
- Die vorhandene Integrationserfahrung: 40 Prozent der Befragten hatten bisher keine oder wenig Erfahrung mit Integrationsprojekten; 29 Prozent der Befragten verfügte über große Erfahrung mit Integrationsprojekten.
- Das Lebensalter: 32 Prozent der Befragten waren älter als 45 Jahre.
- Die Dauer mit der die befragte Person ihre aktuelle Stelle einnimmt: 50 Prozent der Befragten sind erst 2,5 Jahre oder weniger auf der aktuell eingenommenen Stelle beschäftigt.
- Die Dauer der Unternehmenszugehörigkeit: 50 Prozent der Befragten sind bereits 6 Jahre oder länger im Unternehmen tätig.

Die folgende Tabelle weist die Ergebnisse der durchgeführten Korrelationsanalyse der demographischen Variablen mit den Akzeptanzwerten der Post Merger Binsenweisheiten aus.

	Rahmen-variable	Geschwindig-keit	Mitarbeiter	Maßnahmen
Hierarchische Positionierung	0,03	0,24 1)	0,23 1)	- 0,02
Integrations-erfahrung	- 0,17 2)	0,27 1)	0,04	- 0,08
Alter	- 0,02	0,24 1)	- 0,20 2)	0,14
Stellen-besetzung	0,10	0,16	- 0,17 2)	0,07
Unternehmens-zugehörigkeit	0,15	0,11	- 0,09	0,01

1) hoch signifikante Korrelationskoeffizienten
2) signifikante Korrelationskoeffizienten

Abb. 37: Managertyp und Akzeptanz von PMI-Erfolgsrezepten

Vertiefende Literatur zum Thema

Clever, H., Post Merger Management, Stuttgart 1993.

Dabui, M., Postmerger-Management – Zielgerichtete Integration bei Akquisitionen und Fusionen, Wiesbaden 1998.

Gerds, J., Post-Merger-Integration: Schneller und Besser, was machen die Erfolgreichen anders?, in: Finance (2003), Juni, S. 25 ff.

Gerds, J., Fünf Stufen des Fusionsmanagements, Jahrbuch M&A 2003, FAZ Institut.

Gerds, J., Kett, I., Studie über Schwierigkeiten bei Post-Merger-Integration, in: Elekrizitätswirtschaft 100 (2001), S. 216 ff.

Gerpott, T., Abschied von der Spitze – Eine empirische Studie zur Höhe und zu den Determinanten der Ausscheidungsquote von Top Managern akquirierter deutscher Unternehmen, in: Zeitschrift für Betriebswirtschaftliche Forschung 46 (1994) S. 4 - 31.

Grube, R., Töpfer, A., Post-Merger-Integration – Erfolgsfaktoren für das Zusammenwachsen von Unternehmen, Stuttgart 2002.

Habeck, M.H., Kröger, F., Träm, M., Wi(e)der das Fusinonsfieber – Die sieben Schlüsselfaktoren erfolgreicher Fusionen, 2. Auflage, Wiesbaden 2002.

Henckel v. Donnersmarck, M., Schatz, R., Fusionen, 4. Auflage, Bonn 2001.

Jansen, S., Picot, G., Schiereck, D. (Hrsg.), Internationales Fusionsmanagement, Stuttgart 2001.

Lucks, K., Meckl, R., Internationale Merger & Acquisitions, Berlin et al. 2002.

Penzel, H.-G., Pietig, Ch. (Hrsg.), Merger Guide – Handbuch für die Integration von Banken, Wiesbaden 2000.

Picot, G. (Hrsg.), Handbuch Mergers & Acquisitions – Planung, Durchführung, Integration, 2. Auflage, Stuttgart 2002.

Schewe, G., Brast, C., Köster, D., Die organisatorische Umsetzung der Post Merger Integration: Der Fall Gerling NCM, Arbeitspapiere des Lehrstuhls für Betriebswirtschaftslehre, insb. Organisation, Personal und Innovation, Nr. 32, Münster 2005.

Schewe, G., Brast, C., Steens, B., Post Merger Integration: Der Fall Preussag – Hapag, Arbeitspapiere des Lehrstuhls für Betriebswirtschaftslehre, insb. Organisation, Personal und Innovation, Nr. 12, Münster 2000.

Schewe, G., Kleist, S., Drave, P., Post Merger Integration: Der Fall BMW – Rover, Arbeitspapiere des Lehrstuhls für Betriebswirtschaftslehre, insb. Organisation, Personal und Innovation, Nr. 11, Münster 2000.

Schewe, G., Michalik, C, Hendtker, C., Kommunikationsgestaltung bei Post Merger Integrationen, Arbeitspapiere des Lehrstuhls für Betriebswirtschaftslehre, insb. Organisation, Personal und Innovation, Nr. 22, Münster 2003.

Schewe, G., Schäcke, M., Münstermann, M., Post Merger Integration: Der Fall Bayerische Vereinsbank – Bayerische Hypotheken- und Wechselbank, Arbeitspapiere des Lehrstuhls für Betriebswirtschaftslehre, insb. Organisation, Personal und Innovation, Nr. 13, Münster 2000.

Schewe, G., Schaecke, M., Volmer, M., Post Merger Integration: Der Fall Bertelsmann – Random House, Arbeitspapiere des Lehrstuhls für Betriebswirtschaftslehre, insb. Organisation, Personal und Innovation, Nr. 14, Münster 2000.

Strohmer, S. Integration nach Merger and Acquisition, Wiesbaden 2001.

Die Autoren

Dr. Johannes Gerds: Vor seiner aktuellen Tätigkeit als Bereichsleiter Unternehmensentwicklung der KarstadtQuelle AG in Essen war Herr Dr. Gerds als Unternehmensberater bei A. T. Kearney und Accenture tätig. Während seiner Beratungstätigkeit hat er international führende Unternehmen bei M&A-Transaktionen und Post Merger Integrationen unterstützt. Seine Projekterfahrungen hat Herr Dr. Gerds in zahlreichen Beiträgen zusammengefasst, für die er mehrfach internationale Auszeichnungen erhalten hat. Neben seiner Berufstätigkeit hat Herr Dr. Gerds einen Lehrauftrag an der Universität Münster.

Korrespondenzanschrift: Dr. Johannes Gerds, KarstadtQuelle AG, Theodor-Althoff-Straße 2, D-45133 Essen, Telefon: 0201/727-7553

Prof. Dr. Gerhard Schewe ist seit 1998 Universitätsprofessor für Betriebswirtschaftslehre, insbesondere Organisation, Personal und Innovation an der Westfälischen Wilhelms-Universität zu Münster. Davor lehrte Prof. Schewe an der Universität der Bundeswehr in Hamburg und an der Universität Kiel. Prof. Schewe ist Autor einer Vielzahl von Büchern und Aufsätzen in in- und ausländischen Fachzeitschriften. Die Schwerpunkte seiner Forschung konzentrieren sich auf drei Gebiete:

- Technologie- und Innovationsmanagement
- Organisation und Strategisches Management
- Post Merger Integrationsmanagement

Neben der Durchführung gemeinsamer Forschungsprojekte mit Unternehmen der verarbeitenden Industrie und dem Dienstleistungssektor ist Prof. Schewe als Gutachter für namhafte deutsche Unternehmen tätig.

Korrespondenzanschrift: Prof. Dr. Gerhard Schewe, Lehrstuhl für Betriebswirtschaftslehre, insb. Organisation, Personal & Innovation, Universität Münster, Universitätsstraße 14 - 16, D-48143 Münster, Telefon: 0251/83-22831, E-Mail: orga@wiwi.uni-muenster.de

Druck: Krips bv, Meppel
Verarbeitung: Stürtz, Würzburg